I AM NOT HAPPY

I AM NOT HAPPY

硬糖手册

杨昌溢 著
@飞机的坏品位

中国华侨出版社

自序一

人与人的关系，很像滴人水中的墨汁，有各自的姿态与流向，最终或彼此融合，或分散于水中，各有各的命运。遇到对的人，是一种气质的相投，这种气质，非表面上的对称，而是一种内在精神的共鸣，一本书与读者的联系也一样。它需要一定时间与事件的磨合，也不是其中一方说算就能算的。它被产生在哪里，与需要翻阅并欲与之产生关联的人群最终重合，只希望这种关联是持久的、有力的、向善的。有时候写作很像是一部“记忆回放机”将你的所有过往记忆：童年、青少年、中年……各个阶段的记忆全部唤起，而你有幸将它们变成自己的作品，这也是写作带给我的快乐所在之一。

自序二

二十岁过后，就意识到自己的长相已经到了瓶颈了，充其量也只能挂在三线上，继而走在了阅读书籍、汲取智慧的不归路上。如果可以长得再精致点，真的愿意少读几本书，不过话又说回来，上帝给你关上一扇门的时候也不一定会为你开几扇窗。但你要记住，屋顶的烟囱一直是为你开着的，下水道也可能通向光明。

目录

那些洁白的女孩儿哪儿去了？ 002

偷穿了大人的衣服 008

爱如礁石 014

独自饮食，等于“食饲料” 018

怪异的女歌手 022

从爵士乐到即兴哲学 028

糟糕的咖啡馆 032

喷一满墙的碧绿 036

冷清的朋友 042

每个人都有各自所追求的不归路 046

书店众生相 050

在墓园幽会的情人 054

不友好的客人 058

狗的孤独 062

何谓幸福？ 066

降落伞女孩儿 070

目录

某个意外的星期一 074

旅行套装 080

烟囱与下水道 084

试验品 090

黑暗日记 096

黄色卡车积木 100

作家的左手 104

成人动物园 108

不加糖 114

喋喋不休的人是不受欢迎的 118

从客厅到卧室 122

不属于任何人的房间 126

白灵地图 130

拍猫记 134

嫉妒 138

夜行巴士 142

目录

《007》 146

一颗椰子的哲学思考 152

享乐主义 156

爱情圣经 162

马桶旁的“凶杀案” 166

孤独的房间与子弹恋人 170

月亮与三便士 176

沉闷的车厢话题 180

爱的挽歌 184

露天餐馆 188

著名人物 192

旅行结束后要做的十件事 196

羞耻的梦 202

麦当劳附送的透明水壶 206

六十岁在阿姆斯特丹安乐地死去 210

放下 214

目录

坏品位私人宝典——电影、唱片、书籍

The Housemaid 220

《皮囊之下》 220

《东京家族》 221

《心灵捕手》 222

《变态者意识形态指南》 222

Sings Again 223

Eat Pray Love：Original Motion Picture Soundtrack 224

《十区车站 True》 225

Mozart: Piano Concertos 226

《像自由一样美丽》 227

PIZZA! PIZZA!

那些洁白的女孩儿哪儿去了？

女孩儿A坐我的斜上方，我忘了她具体是哪个科目的课代表了，物理？化学？总之是一名品学兼优又不失性感的课代表就对了。

为什么是性感的？印象中关于她的所有记忆都是发生在夏天。她几乎从未穿过深色系的裙子，都是鹅黄，粉绿，或者咖啡色。她的脸是那种有肉的类型，常常有一些亮光出现在她姣好的皮肤上。其实，我们并不是很熟的朋友，甚至都没怎么说过话。但有一次，有一个场景，却一直定格在我脑海里。

记得当时她穿的好像是一条背带裙，而正在我准备睡上一节课时，发现她的手臂下方，也许是裙子开口过大，大半个粉白的乳房若隐若现。我只记得当时的心情，有一种考试时收到旁边递来答案小抄的快感。我还记得那时教室都没有空调，四台电风扇，要照顾到班上四十多名学生，而她又特别爱流汗，几根发丝死死地贴在她的耳根，她还拼命地用课本扇着。直到现在我还有些念念不忘。

女孩儿B就说来话长了，她看上去比班上的所有同学都年长，而实际上她的确也是一名“留级生”。所谓留级生，就是已经超龄，却因成绩或一些特殊情况不断地打回原形，重新再读一年或更多年的同学。而B的那个“特殊情况”就是她有先天的智障，不过现在想想，准确地说她那不算傻，而是精神有些失常，这也跟她的过去有关。她是全年级乃至全校都有所耳闻的“问题少女”，她会突然一个劲儿地大笑，又一下子变得狂躁，露出阴霾的眼神，这都与她曾被继父强暴有关，而我也不知道那些事怎么可能被这么多人知晓，在还没有微博出现的时代背景下，可见人言可畏。而所有的这一切遭遇与经历，似乎并没有打倒这位“问题少女”，她反而时常以一身比其他女同学都要成熟醒目的装扮出现在我们的课堂上。男孩儿们当然会纷纷在私下议论她，有些大胆的，就趁午休时当面调戏她，她偶尔接招，回上几句，但大部分还是以歇斯底里的狂叫与傻笑以及阴霾的冷眼相对。

而有一天，她突然以一袭纯白连衣裙配麻花辫出现在课堂上，同学们一下子就热开了花儿，纷纷议论她的穿着，因为她又创造了一个历史新高：她是班上第一个戴文胸的女孩儿。而这一切都不是最重要的，精彩的还在后面。因为当时班上“每日值班”都是当天早上才会被班长写在黑板上，而那天恰巧是女孩儿B值日，也就是说她要在每节课结束后，负责擦黑板，而当她自信满满地走到讲台上，麻利地擦拭着黑板时，全班同学一起目睹了一个应该会终身难忘的画面：女孩儿B的白裙子上，有一团红色……

写到这里，我必须说明的是，我并非想要取笑那些女孩儿，也许当时有，但现在毫无此意，相反，会对年少时我们那些“简单的欢愉”和人云亦云，以及喜欢成群结队地去讥笑一些也许并不完美的个体而感到自责和好笑，而同样，那些被我们取笑过的女孩儿又是何等坚强。现在看来，每个人的青春都是在不断试错的过程，以前所做的那些“不正当”行为可能以后再也不会做了，也没机会做了，而取而代之的，又是另一些同样不那么光彩，甚至更灰暗的行为与事迹……

偷穿了大人的衣服

在一家小铺买衣服，店里只有一个小孩儿，看到我们在打量衣服，便放下手中的遥控器，向我们走来。环顾了店铺一圈，发现他们应该是来到这边较长时间了，甚至在这条街的店铺中，它也算是小有名气的。

我叫他帮我取下那件绿色的衣袖翻边儿中山装，他麻利地将衣服取下，让我试穿。我说："尺码有小一点儿的吗？这件是加大号，我穿不了。"他说："这件只有这个尺码了。"我说："能便宜一点儿吗？你看，我根本穿不了，只是喜欢这款式，便宜一些吧。"他立刻走进小屋里，取出一沓订单，对我说："价是没法商量，我们都是纯手工制作，全国各地的订单都有，这价已经是最低的了。"我和朋友都惊讶于眼前这位一脸稚气、说话却像四五十岁商人的小孩儿。像这样"早熟"的孩子，其实还有很多。比如每年都会举办的"世界儿童选美大赛"，各国的"年轻佳丽"穿着为他们量身定制的晚礼服，化着五颜六色的妆，在台上模仿着大人向台下的观众挤眉弄眼，偶尔还来几个飞吻，让人不禁怀疑，他们是否真正懂得那些妖媚与性感。还有一些小童星，在各种综艺节目里抛头露面，面对媒体的采访也是对答如流，说得头头是道，像出道多年的电视明星。他们中不乏涉足电视剧、广告、歌唱等多个领域，俨然一副多栖艺人的姿态。一副自信满满，甚至还有些对其他孩子不屑一顾的傲慢。你总会在这时猜想，是否有一群不怀好意的大人在背后操纵着这一切，而这些小孩儿只需要听从安排，在后台换上Bling Bling 的演出服，隐藏好自己的不安，自信得体地出现在众人前。

当然，懂得自信，多一些特长没有什么不好的，在同龄孩子中显得特别，学会找到适合自己的人生道路都是值得推崇的。只是有些担心那些从小就在聚光灯下、在争奇斗艳的舞台上生活的孩子，是否会失去孩子特有的那部分单纯，而如果那些行为大部分出于家长们自己的野心与功利，那就真的太危险了。

孩子将来性格的养成，当然是与从小的生活环境与价值观培养息息相关的。你身边接触的人，每天做的事，都有可能成为你的人生一个逐渐成型的模板。所以，每一步都得顺着自己的本心塑造，就像有本书上描述的那样："在最好的年龄，最应该做的，并不是奋力地去追逐名利与虚荣，多去看看世界，找到自己沉迷的兴趣点，才是最值得我们去做的。"

爱如礁石

互联网，让我们的一些感知发生了偏差，对于他人的评价，执着、在意，却迷失其中。

其实，一个人在做任何事的时候，都无须过于在意人们的意见或眼光，每个人都分散在这个星球上，有各自需要忙碌与分心的事情。可不知道是从什么时候开始，人们习惯置身于一些滑稽的、原本不属于自己的言论陷阱里。喜欢你的、厌倦你的人，如潮水一般，涨了又退，只有理解你的人一直都在，他们就像礁石一般，平日不会发出任何声响，但实质一直都在那里默默聆听你的声响以及观察你的潮起潮落。我们去海边拾贝壳，一路上，什么旧瓶子、废纸屑、枯叶、小沙子……都一同扔进了背篓。而最后，清理、来回颠簸后，那些无用的东西终会被我们挑出去，剩下的才是所谓我们真正需要，也最想要珍惜的。只是，它们太不打眼，以至于平日不会将太多注意力投射于其间。

有时，朋友会看着我的脸说，“你是如此地不正常，是什么基因让你变成了这么一个怪人。”这世界大概还有很多像我这样的怪人，但我们很可能只是凭借那些异于常人的“才华”过着如鱼得水的生活，但那些一直注视着你，并陪伴着你的人，你的朋友、爱人，他们才是让你这个“怪人”能够正常地生活在这个危险世界上的原因。有太多人整日面对心碎，是因为他们缺少这样的“陪伴者”，太过激烈的关系都是危险的、不够成熟的。我们永远别想将一杯水一次性倒满，因为它不会真正意义上被倒满，并且溢出来的部分，就叫浪费。爱一个人需要重复这种爱，需要将这份爱孵出更多的爱，需要你时刻修复这份爱，直到你们都死去。

Emmanuelle
X
was
never
like
this.

独自饮食，等于『食饲料』

以前曾听人说过“独自饮食，等于食饲料”，初听觉得过于偏激，但似乎又一针见血地道出了现代人的孤独情绪。大概在每个人的生活中，独自饮食的情况远远超过了与友人共进。其实，这也没什么，只是人还是一种渴望温暖的动物，需要依靠，哪怕这份依靠有些粗糙，但总比一个人在那边若有所思来得酣畅。说到这里我才意识到，今晚，我也是一个人吃的晚餐。我在想，如果是一个人在餐厅吃饭，建议还是去冷清一点儿的餐厅比较好，因为在意他人的目光，是一件非常连累情绪的事。本来一个人，点了紫菜拉面，选了相对幽静的位置，完全可以随意看看手上接到的商场宣传册，或者回复几条信息，不知不觉中，拉面就上来了。你依然可以一边大口地吸着拉面，一边装出商务人士般很忙碌的姿态，不停地刷新着眼前的iPad屏，这都是孤独症患者最擅长的掩盖孤独的把戏，好让行人明白“我是因为很忙，才一个人坐在这里吃拉面的”。可偏偏这个时候总会来几个不合时宜的客人，通常是情侣，或者父女，总之，是那种好像几千年都没坐在一起吃饭的样子，至少，一个人的你，总是会那么想的。今晚旁边就坐着一对情侣，支支吾吾地点了龙虾鱼堡、梅菜咸肉、咖喱牛肉……真的太不像话了。不管怎样，这样一个人吃饭，还会时有发生，需要一颗淡定的心。

怪异的女歌手

上了点年纪，就习惯性地爱与他人比较，这种比较是由内而外、从头到脚的，比较谁更受欢迎，谁的资源更丰富，谁懂得更多，谁更有才情。而这种比较往往是单相思的，因为对方可能根本就没有意识到你的存在，抑或是你认为对方所拥有的比你优秀的特质，或者不及于你的，也许根本就不是你表面看到的那样。前段时间，看了对一位女星的采访。她留给观众最深的印象，不是她的歌声或者相貌，反而是她一次比一次更出位的着装。刚开始我也会在人群中跟着起哄，觉得她应该是用力过猛，自己也迷失其中，殊不知看了那段采访后，才知这夸张造型的背后，其实暗藏着很多不为人知的秘密与辛酸。

那是一个歌唱选秀比赛盛行的时期，全国人民都在等待揭晓某电视台那年夏天最终选出的冠军歌手到底是谁。而那年最终脱颖而出的正是现在这位“以怪异造型成为人们茶余饭后谈资”的女歌手。而当时，她的造型可以说是清汤挂面，人们谈论她时，只是一句“法文歌唱得不错，高学历知性女歌手”。而也正是这句“高学历知性女歌手”让这位女歌手颇为尴尬，她在采访中提到“那些知性和高学历在当时是养不活我的”。到底是什么事让这么一位全国冠军苦不堪言？原来是因为与该选秀节目经纪公司签的合同，让艺人失去了自由，并限制了其太多发展空间。该女歌手为了真正做自己喜欢的音乐，不得不以高额的违约赔偿金赎回自由身，而在那时，她几乎穷到天天吃方便面的地步。并且大多数观众是不会真正在乎什么法文歌和知性路线的，他们首先买账的，还是那些漂亮的、能第一时间吸引眼球的、性感或者极富个人特色的女歌手。于是，她在自己造型团队的一手打造下，开始了她的“先让你记住我的造型，再试着聆听我的音乐”的战略，至少从目前的发展趋势看，她已经开拓出了比之前好很多的局面。她也开始顺着那些极具争议的新闻标题，陆续发行若干极具个人特色的中文、法文唱片。

她的故事之所以会感动我，是因为我看到了同样一个人，她的外在与实质内心所呈现出来的不同状态，这是迷人的。其实，大多数人是没时间和精力去真正了解一个人的，而如果你只是在外围观望，是看不完整的，是片面的，只有给自己一个机会，深入地、立体地去观察、聆听一个人，才会更加清晰地理解这个人。

PONY CANYON STEREO
TUNNELS

从爵士乐到即兴哲学

我对一切安排好了的事物特别提不起兴趣，所以，我也很少安排事物。我以为每个人，乃至每件事都如河流般自然流淌，会遇到什么礁石、杂草都是你事先无法预计的，只有任其流放后，才会去遇见应该被遇见的。人在做一件事时，本应遇到太多不确定的问题，如果自己还要预先去想那些主观臆想的问题，岂不是更累、更复杂？我喜欢听爵士音乐，它显然是即兴的，你在每个音符的间隙，足以幻想出另一个新的故事，所以爵士是能赋予人灵感的，是你主动要与其发生关系的。而生活中的太多事，是之前就被刻意安排好了的，就等你穿好衣服，连脂粉都有人帮你打点，只管轻身一跃。而这样的安排，对于一位自由主义者，往往是不屑与排斥的，他们要的不是这个，而你们却事先自以为是地安排好了，他们当然不会配合。而为此要付出的代价，他们也当然知道，但比起还原自己的本初与自然，这点人际上的损失，还是可以被承受的。其实，善于对不适合自己的予以拒绝，是理智且自信的表现。他们不需要任何人为其做出一些荒唐的完全不适合自己的决定，他们不想浪费自己的清醒，懂得在最简单的位置做出简单的决定。而这样的决定，往往是经过漫长的对自我的一种认识与梳理得出的，绝非糊涂。他们认为，糊涂应用在那些在生活中起不了波澜的小事上，在这些小事上为什么不能像个傻瓜？它们不需要贡献你的才华，这样清醒的狂妄会伴随他们整个青春，甚至更长。对生活中的每个环节都小心翼翼的人，要么是一位缺乏创意的人，要么他已经老了。所有有趣儿的人都不希望自己过得如此小心翼翼，因为那会束缚人的想象力，并且，很难性感。

糟糕的咖啡馆

这段时间，由于一些外界的声音，我不断分心，也开始怀疑一些行为的初衷。找了一家从外表上看还比较安静的咖啡馆，心想，总可以给自己一间避所，可以好好地静一静。点了咖啡，付账，选了半天位置，坐下来后才发现根本静不下来嘛。咖啡馆的背景音乐，放的是八十年代的香港流行音乐，这种适合出现在 KTV 大厅的音乐的确与咖啡馆的氛围格格不入。我一直很在意咖啡馆、书店、美术馆的背景音乐，因为这直接反映了店长或策展人的个人品位，也决定了你是否愿意更长久地待在那个环境里。当然，书架上书的品类及调性，也可以决定这间咖啡馆在我心中的评分。不过，话又说回来，我埋怨背景音乐太恶俗，其实，更多的还是因为自己内心不够纯净、不够快乐，所以才会放大那些瑕疵。有时候，生活就是不会让你一口气平顺地往下咽，总会在适当的阶段，给你设置一些门槛，你跨过去了，又是一个新的槛儿，说来悲观，但生活原本无常且重复。

就像一艘在海上漂浮的船，不经历点儿海啸与暴风雨，你好意思说你出过海吗？但你还是得感激你所经历的一切，并不是每个人都能踏上这趟专门为你而设计的人生旅程版图，而期间的流言、争议、谩骂，就像这海上的浪花，或天空的闪电，如果你被它们吓到了，还不如不踏上这次冒险旅途。人生很多时候，就像一场冒险，有太多突如其来的暴风雨及各种恶劣天气，你只有凭借自己的生存技能与一颗坚强的心去度过当下。当暴风雨结束，雨过天晴时，你会看到天边的一道彩虹，美丽的晚霞，还有这一路走来收获的辛苦与美好，会成为你最珍贵的记忆风情画。

KIRLOSKAR™
GREEN
POWER IDEAS

喷一满墙的碧绿

总觉得每一种颜色，都是一种性格，与人很像。

黄色，是想吸引眼球的享乐主义者。他们是干净的，纯粹的，是独立乐队的纯色西装，是高档百货商场的米兰家具。黄色和绿色的关系很好，但他们在一起时，太过热闹，因此会让一旁的人难堪，他们总是自我陶醉，又没有过分的企图心。

绿色，是女诗人的眼影。他们代表融合与呈现生命的律动，他们是时装，是设计师的“缪斯”，是文艺女青年的内衣，是自卑者的桌布，他们时常出现在保健类产品包装上，他们代表健康，他们是属于大自然的，同时又会显得忧郁，他们最好是打碎的玻璃杯。

蓝色，是在白纸上的一抹自由的色彩。他们代表和平与自由，但又与鲜红联系在一起，因为和平与自由，常常伴随着鲜红。蓝色是艺术家的标准色，他们总是让你联想到辽阔，他们是六点钟时的海洋，他们是画廊洗手间里的奇怪摆设，他们是出现在恋人高潮时产生的那一道幻影。

白色，是还未破处的少女。他们出现在手术台、祭拜现场、葬礼、情人的花束中……他们是安静的、是等待着的。对，白色总是在等待，等待其他颜色的出现，比如红、黑、蓝……他们本身是不苟言笑的，他们高傲，他们是画家的灵感，是瓦蓝的天空下飞过的一群白鸽，是阿巴斯电影的开端，是玛丽莲·梦露的紧身连衣裙，是一张铺得很平的宣纸。

红色，是一滴正在缓缓流下的血液。红色总是强烈的，是基耶斯洛夫斯基电影里的绝望，是恋人第一次送给对方的铁盒巧克力。红色是政治，是一群激昂的年轻人，是阿莫多瓦的女主角。红色，是我最不想谈论的颜色，因为他们太过灼热。

棕色，是一只有生命的玩具熊，他们是小资产阶级的专利，是作家的笔记本硬皮。他们会爬满整块巧克力蛋糕，在雨天，或者巴黎，他们是高级的，但在内裤上，就有点儿奇怪了，那是一团污秽的，被红色和其他颜色混合在一起后的怪胎。所以，它只适合质地舒服，给人一种文艺情怀的事物。对了，你送给情人的第一顶毡帽，请选用棕色。

黑色，在关灯之后。

I will be fun

冷清的朋友

约翰·列侬曾说过这样一段话，大意是“你要了解一个人，可以看看他身边交的是怎样的朋友”。一个人所结交的朋友，我是说那种长久都有联系的，往往是自我人格的一面镜子。如果你是一位好热闹的，你一定能交到更多比你还渴望人群温度的朋友。因为“热闹”将你们联系在一起；你若喜好安静，习惯独处，那么，同样好静，独来独往的人会主动和你产生关系，你们被一种孤傲的冷清相互吸引着。我所结交的朋友，大多偏向后者，当然也曾认识不少热闹的朋友，但如果邀请你参加派对被你拒绝了三次以后，别人就再也不会找你了，所以，就算认识，也不会长久，性格使然。印象中朋友 A 是那种会随着时光被人们轻易忘记的女孩儿，当然，她也对此毫不在意，她曾对我说：“如果哪天我得知自己会死去，我是不会惊讶与害怕的，因为这是很自然的事，也不觉得人世间有太多值得自己非活不可的理由。”我在听到她这番话时，感受到了她身上所散发出来的那股很纯粹的颓废。我们活得都如此遮掩，以至于有时已分不清哪一面的自己是可以坦然面对世人的。当然，我那位冷清的朋友，也有很多拿不定主意的时候，她把那些矛盾写在脸上。另一位朋友 B 是事业有成的律师，他分不清真话与假话的界限，因为它们已经混淆于他生活的每个缝隙。他有时会到另一座城市，在那里逛原本自己家乡就有的相同品牌店，去全世界都一样的连锁咖啡馆坐一下午。然后，又回到自己原本的城市，重新回到枯燥的轨道。他们是这个世界上的平淡无奇之一，他们围绕着同样平淡无奇的这个我。

每个人都有各自所追求的不归路

她说："你对那些洗剪吹店员的穿衣风格怎么看？"我说："有什么好评价的，我以前也会去点评那些在红毯上穿错衣服的女明星，但现在不会了，因为那样并不会显得你自己很有品位，只会显得你无聊和刻薄。"当然，有些时尚编辑是出于自己工作需要，靠"谁红就骂谁"混饭吃。他们一天大概是这样的：被当下最红的女歌手所唱歌曲的铃声叫醒，然后，收集各个秀场及晚会明星们的最新造型，编排成可供点评的八卦头条。服装越出位的，他们越是如获至宝，遇到品位极其糟糕的，更是喜上眉梢，对其辛辣点评，措辞大胆、出位，但如果不小心得罪了某位大咖，这个月的提成是没话说了。而对于一般人来说，看见某位仪态万方的女星被揭短了，或被嘲笑了，一种"原来明星也会犯错"的粗糙欢愉便涌上了心头。大概每个人都有那么一点儿"白天鹅"梦，只是程度不一样。于是，你享有我们所渴求的全部，骂你几句，应该也是情理之中的呀。只是，八卦，终是每日一新，翻过就去的，也不会留下太多东西了。而且往往点评的那个人，你叫他精心打扮，亮相于大众眼皮之下，没准儿也会被挑出各种毛病来。因为每个人所理解的"美"的角度不同，而多一些宽容，将注意力或挑剔投向自己，也许会更容易进步。况且，每个人都会犯错，人应该尽可能地通达。我们太容易忘记曾经的粗陋与幼稚了，继而看到同样的粗陋与幼稚，会毫不留情地“喷”一地。其实，这何尝不是在嘲笑曾经那个傻帽儿的自己呢？就像，大一新生所遭遇的那些“坏教官”一样，俨然忘记了自己也曾被如此不公平地对待过。这就是一个可笑的循环，而每个人都有各自追求的不归路，时间在一旁看着这场好戏。

FRANÇAIS
Gabrielle Roy
Ces enfants de ma vie
Yasmina Khadra
A quoi rêvent les loups
CRONIN
LE
CHASE

书店众生相

在书店待久了，你就会对里面的每一处事物有新的读解。我记得有一次去北方，去找一间叫“荒岛书店”的小书店，当我终于在路人的指引下接近它时，才意识到它的确是荒岛，因为当时是下着大雪，书店开在一所大学的后门边上。门外有一个牌子，上面写着店名及一句“进来吧”。推开门，里面没什么人，老板是一个戴着大大的眼镜，宛如学者的女士，我问她这里有可以小坐一下的地方吗？她将我引到了靠窗的一个位置，一只小猫从她的身边掠过。我的正前方是一张仿古的木桌，很像以前的那种文人书桌，墙上有一盏老式挂灯及一些旧海报。书架上，有李渔的《闲情偶寄》、安德烈的《退稿信》及《叶芝诗选》等。通常情况下，书店的灯光都是会选择较暖黄的，并且不会太亮，背景音乐几近只能在耳边回旋之感。总之，是让你更舒服地阅读的地方，甚至于里边儿的人，行走时动作也要比在其他地点轻盈，步调相对缓慢。大一点儿的独立书店，通常在某些角落或者中庭摆有若干沙发，只是，一般很难有位置，因为人们都是希望舒服更舒服的。没有抢到位置的，会靠在书架上，或者索性在某个角落席地而坐。你会无意间瞧到一些人，可能是因为看累了，打着哈欠，甚至伸起了懒腰来。有的手捧着一本《莎士比亚文集》，双眼会不时地盯向放在大腿上的手机。所以，书店，也是一个避风港，躲避白天十几个小时在外的奔波，或办公室里的枯燥乏味，躲避家人们的喋喋不休以及等着那位约好了、却迟迟未到的恋人。

在墓园幽会的情人

他们第一次幽会的地方在河边的廊桥上，他们在日落时接吻，无话不说，但欲言又止。他一直叫她与现在的男友分手，她向他解释与现在男友的情爱关系。她说："原则上，我厌恶做一个有情人的已婚妇女。"他说："他并不完全是你的丈夫，我也并不完全是你的情人。"她说："我容忍你们两个人，因为我和你们俩做不同的事情。例如，他从来不懂温柔，他不喜欢轻吻我。"说到这里，他立刻轻吻她，问道："他不喜欢在外面轻吻你？"她说："甚至是在家里。"他说："你和他什么都不需要做。"她说："这也不代表我什么事都可以和你做。"说完，他们就又去公园闲逛了……这是侯麦导演的《人约巴黎》中的一段，电影中的这对恋人，似乎是两条交织的光束，偶尔有所碰撞，但始终不愿为彼此长久地停留。他们第二次幽会的地点在墓地，绝对特别的地方。很难想象一对初识的恋人会选择在这样的地方见面。但在任何地方，都可以看出两个人对某些事物截然不同的态度。突然想到了一对朋友，他们第一次见面是在游泳池，其实是相约去泡温泉。我说："一定要第一次见面就这么坦诚相见吗？"他们答道："普通人第一次总是约在电影院呀咖啡馆什么的，遮遮掩掩，黑漆漆的，不如去一个能看到彼此各个细节、又能从一些小事看到对方是否细心的地方。”对了，他们去的那个温泉是建在山上的，也就是说，他们还一起登山，穿过丛林，最终才脱掉身上的衣服，一边泡温泉，一边进一步了解彼此。

不友好的客人

去咖啡馆休息，有时会碰到一些穿西装、操着一口外地口音大声喧哗的中年男人。他们也许是在讨论店内装修，也许是在继续午餐时没谈完的话题，总之，让整个咖啡馆安静的氛围遭到了破坏。室内的背景音乐往往是轻到刚刚入耳，就算有客人推门而入，也能清楚分辨出外面袭来的冷风以及门前风铃的清脆回响。日常中，总有一些人，会在某个时间段出现，打破原本的宁静。就如，有时候你以为找寻到了自己所期盼的安宁，一件突如其来的事件，也会让看似和谐的音符有所幻灭。互联网上，也会有这样的“不友好的客人”，他们会突然闯入你的世界，然后带来惊鸿一瞥，可能是一句咒骂，或是对你所表达的观点加以扭曲，或者是向另一个方向无休止扩展。

而你的观点也仅仅是你的观点，所以我们还得克服另一个“不友好的客人”，就是那个经不起推敲的自己。

狗的孤独

父母，穿好了衣服，提着几个小包出门了。这次没有带上它，因为并不是去很远的地方，就让它乖乖地待在家。在门关上的一刹那，它发出了音调逐渐减弱的叹息声。然后，它在原地蹲了几分钟，目光一直望向门的那边，稍微有点儿动静，耳朵就会竖立起来，似乎在等待他们回来。它望了我一眼，扭着屁股从 CD 架边走过。我坐在沙发上看报纸，它就慢慢朝我走来，用它的背，在我的小腿之下摩擦，它非常喜欢这样，应该算是在挠痒。然后，它感觉到我完全没有要抱起它的意思，便独自在空荡的客厅里游荡，并不时地发出“呜呜”的声音。那一刻，我想到了自己的母亲。有一阵子，我在外边工作，父亲也在外地工作，她便一个人待在这间屋子里。可以想象，有多少无聊的片段充斥着这个女人的生活，尽管她会对我们说“我每天可充实了，一早就开始做事，整理房间、洗衣服、买菜、做饭、织毛衣……”。可是，孤独是每个人都可以察觉并领会的，无法，也无须掩饰。当然，我也会想到自己，曾经，或现在经历着的那些孤独，其实和这只狗的处境一样。以前听朋友聊过，猫是一种很独立和自我的动物，基本上，它们不会因为你多给了一个鱼片，就对你感激或记得，它们依然会顺着自己的感觉来，有阳光的地方，就躺在那里，晒晒太阳，路边看到合胃口的食物，就吃上几口。并且，很多猫是没有“主人”概念的，它们觉得这个家不够温暖，或者找到了另外的栖居地，会不道别、头也不回就离开的。那时，只留下一个优美弧线的背影，摇曳着的尾巴似乎就算道别了。但狗就不一样了，在一个家庭里，谁是一家之主，谁对它好，谁爱欺负它，甚至谁爱讲它的坏话，它全部心里有数。记得有次在一家大排档吃饭，一只小狗向主人拜了又拜，最终获得了那根排骨。一旁的客人连忙激动地对主人说，“瞧，它多会讨主人欢喜呀！”主人一脸无所谓地答道：“它就靠这谋生呀。”哈哈哈，可不是嘛。这样说来，狗非常知道自己的天赋在哪儿，并且持续地应用这份天赋。就像，在我家里，母亲是最爱遛它的，而我，几乎从来不带它出去玩。所以，每次父母出门前，它就会异常兴奋，而我出门时，它时常在它的小窝里睡觉。

何谓幸福？

半夜，醒来听Coldplay的那张叫《降落伞》的专辑，我感觉整张专辑都是雨天的。我以为有些歌曲是有特定场景感的，你在听它们时，会构想出整个画面。我躺在床上，床头那盏黑色的、微小的台灯，只能让房间一个角落得到光亮。我的床头密密麻麻摆放着一排书，它们就像士兵，整齐地在队伍里，非常有次序。这段时间我买了太多书，多到我没有办法逐一看完。它们被散落在厕所里、柜子上、沙发靠垫夹缝中，总之房间的每个角落都可能出现一本只读了十分之三的书。今晚我拿在床上看的这本书，是一位很年少便出名的女作家的书，唯一的缺憾，是她时常在书中说“我爱你”。我不认为在作品里任意说这三个字是一种值得信赖的方式，甚至在生活中，将这三个字随口而出，在我的观念里，这都是危险的，并且是脆弱的。我在想这些问题的时候，收到了一封私信，是一位叫“Lindsay”的女孩儿，她又提了一个我不会回答的问题。有时，我会想，这又是世界上任何一个角落都可能存在的一位女孩儿，也许她在她的城市，在今晚，经历了一些她认为很重要的事，或者受到了伤害，或者无聊、孤独、无助，与大多数人一样。于是，她伸出一只手，试图与世界的另一个角落产生某种连接，但这个连接被我切断。也可以说是，她切断了我和她的连接。总之，这样的不配对，在世界各个角落，日夜频繁地发生着。

厅看报纸，十几分钟后，就开始吃午饭了，通常是他们自己去河边收的菜，据他们描述，那是一块秘密的菜田。由于河边周围要重新建房，所以将此地挖成平地，那里的居民全部迁到其他地方，于是留下了一些未被完全挖平的天地，里面还有照常生长的蔬菜，他们就每天到那边“偷菜”。只是，有时他们带回的菜品过于单一，所以连续几天都吃大白菜炒肉，大白菜汤，炝炒大白菜……一个小孩儿的性格，与他的成长环境及父母的性格有必然的联系。我父母对金钱及物质的随遇而安和对平淡生活的理念，导致我对名望及财富的敏感度也相应不太高。我们都是“有就够了”的价值观，所以才会出现一家人都在家不上班的情形。不过，我们也各自有获得收入即糊口的方式，以至于不会过分担心下一顿没吃的或者流落街头。很多人都在问“什么是幸福？”就像前段时间在一部电影中看到的那段台词一样，“我们都习惯去追逐幸福，渴望得到幸福，但也许我们拥有的，已经是最切实的幸福”。

住家当职业作家以来，与父母经常生活在一起。和朋友开玩笑说，从未像其他同龄人那样，觉得与父母在同一屋檐下生活有任何不适感，反而与他们建立起了一种类似“公司人”的关系。也就是说我们三个人是一个团队，家就是一个工厂，只要确定好各自的身份，活得顺畅、快乐就好了，与其他人、其他环境无二。一般情况下一天是这样度过的，由于自由职业的关系，我一般睡得较晚，两点左右入睡，早上睡到自然醒，大概是十一二点。这样说来我在清晨已经就比大部分人幸运了，因为我也是后来在某次饭局上才知晓，大多数人的幸福参考，要么是薪水颇丰，要么就是每天睡到自然醒，后者我已经不知不觉中享有很久了，所以有时觉得自己赚得不比别人多，也是可以想通的呀，毕竟自己已经受到老天的额外恩惠了，便要懂得知足。起床后，通常我都会在床上看看新闻或者回几封邮件，听一下歌，而这时一定能听见客厅里父母买菜回来时的议论声，可能是某样蔬菜又涨价了，或是楼下那些邻居的八卦。有时，母亲会推开门，一脸笑容道：“太阳都晒在屁股上了，你这个懒虫。”当然，从她的微笑中你会明白，她是很享受每天早上都能见到自己唯一的儿子的。然后，我会去客

21

某个意外的星期一

有时候，我们本来是想要看表，却从包里摸出一把钥匙；本来想要付钱，却流连起了柜台前的明信片。也就是说，人类在做某些行为时，会出现短暂的错觉。也许你的心理告诉你，应该看时间了，但你的身体却让你做了摸钥匙的下意识行为。这就像生活中的其他时候，甚至你的所有看似荒唐的、非常理行为，都是非常自然而然的事。不过我现在要说的，是另一种偶发的即兴事件。就像你和一位朋友本来打算去公园散步，却在路上遇见了某人在派发新上戏剧的宣传单。于是，你很有可能会与朋友商量后，改变原本的计划，转而去到宣传单所指示的场所，看一场“意外”的戏剧。有可能是一出很糟糕的戏剧，有可能令你终身难忘。其实，我的生活几乎是按部就班，每天的线路异常单一。通常我会坐轻轨，去离我家最近的书店，选好书，然后去旁边的咖啡馆待一下午，到了吃饭的点儿，就又坐同一班轻轨回家，年复一年，像一位保守的老人。其实，有时我也期待一下改变或惊喜。比如碰到某个人，某张宣传单，然后到一个陌生却神奇的地方。有部非常著名的“临时电影”——《日落之前》，片中一对在火车上偶遇的男女，在相聊甚欢的情况下，一同在某站下了车，在陌生的城市里漫无目的地闲逛，甚至还去了某地下酒吧，一起上演了串通好去偷酒的戏码。像这样的奇遇虽然通常只会发生在电影里，但这一定也是大多数具有浪漫主义情怀的人特别憧憬的情节。每个人都是渴望有些许突破或改变的，平日太过繁忙，每天朝九晚五，于是渴望某一个风和日丽的下午，能够暂时脱离枯燥的办公室，去附近有阳光的地方做一次简单的郊游，或者仅仅是与友人喝一个下午茶。不用担心订单、报表，就让时间任意地浪费。这种经验，我倒是曾有过。因为，自己本身是个在常人看来有些许古怪的人，所以，遇到的老板或者公司，也是有点非常规的。记得以前在一家设计公司工作过，虽然主要是接房地产的业务，但是，老板是一位偏爱艺术策展的人，并且整个团队很年轻，于是就有了“所有员工在三点以前结束手头的工作，一起去爬山”的情节。记得当时阳光明媚，老板穿着灰色小马甲，将一个箱子拖到了办公室中间。由于我永远是整个办公室最闲的一位。所以，我第一个走向那一个红色的旅行箱，轻轻地打开，结果一个小型的榨汁机从箱中翻出，然后看到箱子的内壁挂着刀叉及保鲜膜，还有红酒杯、芝士盒……原来是一个丰富内脏的野餐包。后来，我们真的集体去了某座山下，开始了意外的登山计划。那时，每张脸都是那么纯净、青春，非常特别的一个普通的星期一。

旅行套装

每次旅行前，都有几件非做不可的事，并且它们是让我兴奋的、快乐的。首先，会去超市买旅行套装，尽管基本上都是那几样东西，可折叠的牙刷、小型的牙膏、洗面乳液……它们被放置在一个透明的塑料盒里，或者塑胶袋子里。我认为它们是旅行很重要的部分。有时，你一个人在酒店，洗完澡，整个房间空无一人，而那盒旅行套装，似乎是唯一陪伴你度过这漫漫长夜的人，它们随意地散放在桌子或者洗手台上，像一位慵懒的妓女。另外，我还会在旅行前一天晚上，严肃地、深思熟虑地在书架上选一本，在飞机上或者旅行空闲处阅读的书。不能太厚，因为这会让行李超重，也不能是太严肃的，因为它们更适合放在床头，在睡前阅读。最好是，小开本，随笔类，或者短篇集，总之，轻盈最好。旅行的伴侣是非常重要的，他甚至决定了整趟旅行的质量与体验。如果旅伴是博学的、热诚的，那么你所到之处，必然会增添许多文化的注解，也会更加有深度地体验其中。如果旅伴是世俗、平庸的，那么，你会增添不少“到此一游”以及匆匆的过眼云烟。而这次的长途旅行，是与一位建筑系博士朋友一起，我们会从泰国到斯里兰卡，直至印度等地，没有时间的压力，自由安排自己最希望游览的地方，希望它是一趟特别的旅程，也希望所到之处，能有爱的印记。

The Pray Of Young Girl

烟囱与下水道

大概过了二十岁之后，就心知肚明自己的长相已经遇到瓶颈，已不可能有啥突破，脸盘越来越宽，眉毛不够浓密有型，鼻子虽挺，但也不像韩剧帅哥那般精致，五官总体来说充其量也只能上个三线；身材更不用说了，没有漂亮的肱二头肌，更没有平坦且小麦色的小腹，有时自己对着镜子，也觉得有种莫名的亲和感，应该是一位善良的人所拥有的身材吧！尽管随着年龄的增长，越发对自己的外貌失去兴趣，但谢天谢地还从未因此自卑过，因为总给自己定位为“不是偶像脸，但基本符合国人女性传统审美”。既然，在外貌上已经没有可攀登、跨越的热情，不如将注意力投向更广阔的领域，于是，开始迷上阅读与写作。因为这是少数几个完全无须计较长相的职业之一，很多我们对其作品熟悉得不能再熟悉的作家，我们是对他们的长相没有概念的，因为这真的不重要。如果有两个按钮，一个写着“让人们都记住我的长相并写作”与“人们熟悉我的文字却对我的长相全然不知”，我一定会按下后面那个按钮。有时候，我也会特别羡慕那些在健身房练出一身好身材的人，觉得他们对自己身体的投资真的令人敬佩，那一块块闪亮的腹肌，就是智慧的结晶呀。并且，最值得学习的，是他们那种持续的、不懈的对自己外形的苛刻要求，以及追求完美的态度。不过，也许总对这样的人有些偏见，比如他们健身完了最爱做的事，就是将自己的“成果”公布于众，并且等待鲜花和赞美。而且觉得他们审美都有问题，并且兴趣单一，不过，这很可能只是因为嫉妒啦。我倒是还真采访过身边的一些女性，问她们是否真的会流连于肌肉男身上流淌着的优美的曲线，得到的回答四分之一是反感，觉得他们像一堆“肯德基”，也有四分之二觉得这不是首要吸引点，健康、匀称就好。当然，这只是当面问卷，女性始终是言不由衷的，也不知道她们在其他场合是否会有别样的答案。

说到既会读书又美若天仙的，非提到胡因梦不可，她在杨德昌处女作《海滩的一天》中一出场就把我震住了，那种美是没有时代局限的，非常直接、明晰的美，长长的直发显得端庄又高贵，精致的五官，可以直接印在广告画上，好像老天把太多美的条件都赐给了她一样。后来，她远离娱乐，成功转型，蜕变成了一位知性、其实更是灵性的女人。那一头垂直的长发早已变成齐耳的短发，她翻译了各种讲灵修的国外著作，当然也出版了个人的自传书《生命的不可思议》。你会看到岁月在这个女人身上流淌的各种起伏，是一种生命的质感。每个人，每个阶段对自己要求不一样，所追求的“美”也不一样。有时候会突然看到电视里出现一张俊美的脸，于是像被一盆冷水迎面泼来一般，硬生生地要主动跑到厕所镜子面前做个对比，然后自言自语道：“如果可以长得再精致点儿，真的愿意少读几本书。”不过话又说回来，上帝给你关上一扇门的时候也不一定会为你多开几扇窗。但你要记住，屋顶的烟囱一直是为你开着的，下水道也可能通向光明。

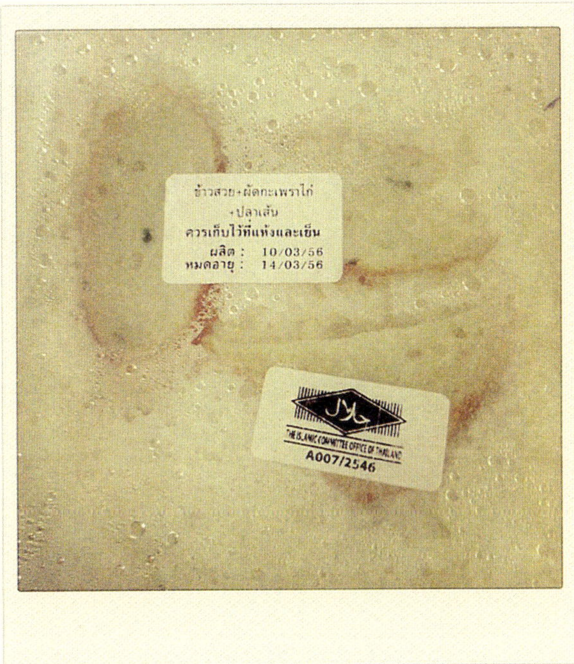

ข้าวสวย+ผัดกะเพราไก่
+ปลาเส้น
ควรเก็บไว้ที่แห้งและเย็น
ผลิต : 10/03/56
หมดอายุ : 14/03/56
حلال
THE ISLAMIC COMMITTEE OFFICE OF THAILAND
A007/2546

试验品

记得大学还未毕业时，与所有的同龄人一样，期待着在社会这个大染缸里泡一泡，感觉不实习，完全不好意思去面对今后的正式工作。于是，在某个下午回家的途中，经过天桥时，看见有一家全国连锁的游戏室的巨幅招聘海报，立即记下公司电话号码，第二天就穿着格子衬衣去应聘了。由于是美院在校生，专业也对口，所以很顺利地进了设计部。当时的工作是将公司总部资料库的设计图东拼西凑，再加上自己百分之二十的自由发挥，将其设计、印刷出来，并张贴在整个游戏厅的各个角落里。那时，特别在意自己的每张设计稿，半夜还会跑到某个柱子下面张望，看自己的设计在暖光的照射下，呈现的不一样的美。当然，没过多久，我就被解雇了。并且我永远记得我被解雇当天的每个细节。老板叫我去他那间全透明的、全公司都看得到的办公室里。他说："你是一个相对单纯的人，你不像某某（另一个被解雇的，同我一起进公司的同事）那样，他比较好说，因为他性格古怪大家都知道，面对你，我还真有点儿……但是，能确定的是，你的确不适合这份工作。"于是，叫我明天到公司结算工资。我还记得当时我对朋友说了谎，我告诉朋友，我今天是要去辞职，因为不想面对自己第一份工作就被炒鱿鱼的尴尬感受。我还记得当时领完工资后的那股失落劲儿，是一种对自己的失望以及对那个年轻团队的不舍，因为公司招进的大多是刚毕业的学生，所以每个人都很有活力且单纯，中午会围在一起，分享彼此带来的便当，而且就算是开会都觉得好快乐。尽管后来我才知道，我被解雇，跟这群单纯的孩子中的其中一位打我的小报告有关，但我还是宁愿相信他们是美好的一群年轻人，是一段稚嫩的回忆。然后，我开始回校整理毕业论文等，毕业后，又到了一家与中国移动有密切合作的国有企业，在一个部门负责彩信业务及相关平面设计。也就是说，你们曾经收到的那种，带有动画及大众化段子的移动彩信，很有可能其中某条就是我制作的，还有动感地带的某系列 DM 单。所谓做一行爱一行，我记得当时每周日是换新 DM 单的时间，只要是我参与制作的那周，我一定会跑到移动营业厅去看看我的“新设计”，有时候，还会拿一沓回去做纪念。但我的确无法习惯国企的这种“安全的氛围”，也就是，你每天待在有冷气且一日三餐几乎都不用考虑的办公室里，有一种看到生命尽头的感觉。于是，我以“要考研”为借口，成功脱离了这个对我来说像一个纸盒子的公司。再然后，我到了另一家做“独立品牌”的公司，这家公司改变了我的一生，当然我的一生还只活了大概三分之一，但这家小到只有五个人的公司，却给了我很多启发与推动。因为那位女老板对我的一些指导与未来规划的建议是非常具有重塑精神的，也就是后面的“飞机的坏品位”以及我的第一本书的诞生，都像是蝴蝶效应一般，而最开始翅膀的那一抖动，还是从那时起。再后来，我在网上认识了该网站的整个团队，于是很快地加入进去，并担任创意总监这个职位。那时，每周我只去公司一次，可那一天总是我一周里最疲惫的一天，因为我是头脑风暴里主讲的一员，我平时有做剪报的习惯，就是将报纸、杂志上我认为有价值的信息及图片，剪切下来，整理成册，到每周会议时，我会与整个团队分享。所以，我时常会有“被掏空”的感觉，虽然每周一次，我却是全力以赴。后来我开始频繁地使用微博，据说当时中国几乎所有的创意人士及媒体人都有关注我，因为当时我完全像只困兽，我认为我不属于任何体系、任何流派，可以随心所欲地贴各种露骨、强烈、有态度的图片，说不着边际却又铿锵有力的语句。于是也开始为一些杂志写专栏。后来出版了我人生中的第一本书，并且开始了专职作家的未来长路。从这么推上来，我显然是更热爱目前的这份职业，甚至有时会嘲笑自己“一个 DM 单，还要跑去营业厅激情观摩”？但是，你能说之前的这些不是为后来的越发了解自己要什么而做准备的吗？虽然每次结束时，也许会不舍，会热泪盈眶，会担心失去它之后，再也遇不到更好的，但这些都不是你能决定的。很多点，你不自己将其连上，后面的故事也不会发生。有时候，你会发现曾经眷恋的一些地方或者人，一旦与之失之交臂，经历了时间的拉锯战后，又有另外的甚至更适合你的人和事的加入，那时你就会明白，没到死的那天，你很难确定什么是最适合你的。因为人的一生，都是试验品。

4

黑暗日记

我时常对身边的朋友说，我希望我的才华、金钱、好运都在四十岁之前全部打包而来。因为我的身体信号告诉我，我在六十岁之后，会活得异常吃力、悲惨。先从我的坏记性说起，我总是记不住很多东西，好像除了我本身以外，什么东西都不能让我真正记住。而如果是这样，那么，这个“我”又真的值得被记住吗？年轻时期的我已经如此健忘，令我很担心，老了过马路时连什么时候换了红绿灯都记不得。永远是人群中最笨拙的一位。

然后，就是我的牙齿，我妈说从小我就长虫牙、背牙（就是在一颗牙齿外面多长一瓣牙齿）、獠牙（与僵尸类似），并且我总觉得自己的牙齿非常不坚固，并且它老爱出问题，早就有人说过“掉一颗牙齿，相当于少活一年”，我对这句话深信不疑。我从小就近视，但很少戴眼镜，最初是因为爱美，不想多两个圈在我的脸上，后来，自我安慰“我不需要将这个世界看得太清楚”，并且我也接受了不正确佩戴眼镜而导致视力直线下降的事实。谈到我的耳朵，更是哭笑不得，坐飞机或火车时，在高速运行的情况下，会出现轻微的耳鸣很正常，但我总是非常明显，会持续很久，感觉像被一堆巨石挤压一般，非常难受。很难想象六十几岁时，会出现多么剧烈的耳鸣以及幻听。相比其他五官，我的鼻子还算比较正常，也没有给我增添太多麻烦。但有这么多问题的一张脸，还值得高兴到哪儿去吗？有时，我会想在某个异国的山峰上，被一旁的朋友亲手推下山，没有任何的后续，最好是在完全不知情的情况下，离开这个世界。

大概这都是我身上的黑暗部分，当然，这种黑暗的思想也会延伸至我的爱情观。如果我特别想念、看重的人，却迟迟不与我联系，我就会当那个人死了，便每天为那个人写悼念文，直到有一天，那个人再次出现在我面前，我又把那些悼念文变成情诗，也许这就是我处理时光的方式吧。

黄色卡车积木

在公交车上，看到一个男孩儿，穿的是蓝色的绒外套，我一上车，他就心无旁骛地看着我，天真的眼神，没有一丝邪气。大概也只有小孩儿才能这么简单地注目，只是为了凝视而凝视。然后他开始摆弄手上那架明黄色的小卡车，一会儿将它放在车窗上，从下往上滑动，一会儿将它搁在身旁爷爷的肩膀上。爷爷是一位有智慧的爷爷，为什么这么说呢？因为他是我想要的那种爷爷，特别善于与孩子沟通，他们的年龄跨度如此之大，但有时他们又像是一对哥们儿在聊天，爷爷富有逻辑地分析着各种动画片的优劣，并将它们的历史与背景一一说明，尽管动画片是非常没必要说明的，但我仍是被爷爷的这一童心打动，想必他也是看了不少的动画片，才可以与孙子有这么多谈资。他也不是那种老古板，因为从他对“喜羊羊”的嗤之以鼻与对“猫和老鼠”的赞不绝口，以及对“天线宝宝”的不置可否，都可以看出他的幽默与开阔。微风不时地从车窗的缝隙吹来，男孩儿非常享受地眯着眼，让风吹拂自己的脸，感觉很自由。小孩儿有个共同的习惯，便是爱不停地问问题，他一直问身边的爷爷：“有 312 路车吗？”

“没有。”

“有 44 路车吗？”

“有。”

“有 170 路车吗？”

“有。”

……

“有 111 路车吗？”

“孩子，我们现在坐的就是这路呀。”

然后，男孩儿对爷爷说了一句很感动我的话：“你回答我，我就相信了嘛……”有时候，你会对一些单纯的事物特别动情，会喜爱，也许是你再也回不到那时的心境了，你的身体以及大脑所承载的事物和变化，让你特别挂念那段时光，那张单纯得像一张白纸的脸。很想对男孩儿说，“你就好好玩你的小卡车吧，长大了没什么好玩儿的，世界愈来愈复杂，也没有现在你的这份轻盈与畅快，虽然这时的你，一无所有，但又拥有了全部”。

誕生編は2巻に
続きます。
いつもありがとう。
いつまでもアタマの
おかしい人間で
いたいです。
山田玲司
REIJI YAMADA PRESENTS
SSC

作家的左手

每次在电视上，看见某歌唱家或演员的采访，主持人问道："从什么时候开始发现有这方面的天赋呢？又为何要选择踏上这条路……"那名歌唱家或者歌唱家的母亲准会说："他从小就对音乐特别敏感,八岁就开始弹钢琴……"第二个问题的答案,也一定是:"当时完全没有想过要当演员，当时我是文学系的，本来是计划当老师，一次偶然的机会，陪朋友去试镜，结果，她没选上，我却被选上了……"听到这些，我总会怀疑是经纪人提供好了的说辞，并且毫无新意，特别希望能听到别样的答案，比如"我从小就想当明星，看见电视里的演员，就会想，嘿，还没我会演呢"。不过，这样听来，似乎有点儿太"不随意"了，好像论及天赋，一定得是机缘巧合的，命中注定。当然，作家，一定也会被无数次问到相同的问题，坦白讲，我小时候想没想过当作家，我倒是记不得了，但真想过要当明星，大概也是走上作家这条路后，才敢向世人揭晓这个儿时的心愿吧。现在想想，还真是虚荣的主儿，那时多小呀，就想当明星，倒是过了青春期以后，意识到自己硬件条件的不允许，并且，我是根本记不住台词的人，才渐渐打消了这个念头。谈到写作，也只能联想到与文字产生关联的缘起。比如，语文，我最喜欢的便是“作文”，每次考试的时候，都会对作文题目特别期待，并且偏爱自主命题作文，那样我就可以天马行空，想到什么写什么。我想这也是为今后的写作打下基础吧，并且，从小到大，我写的东西都有点儿不成章法，跳跃性极强。所以，我写的第一本书，上市时便引来了一些争议。比如有人说它太过散乱，零碎，并且毫无逻辑可言。后来，开始辞掉朝九晚五的工作，在家做自由职业者，并且养成了走到哪里、写在哪里的习惯。街角溜出的一只小猫，咖啡馆一对情侣的谈话，一位老人的深情凝视，都会触动我文字的按钮，像音符一般自由、畅快地流放出来。而之所以以写作为生，更多的，的确也是因为在其他领域更手足无措，多多少少我还是有一些社交恐惧症；而作家，又是少数几种不需要每天抛头露面，与各种人频繁打交道的职业，所以，自然得心应手。当然，我依然有当明星的梦，希望它晚点到来，不然，就不好玩了。

成人动物园

一个人去动物园，沿途碰见一位母亲，带着一对儿女，男孩儿穿的是薄荷绿帽衫，女孩儿戴着一顶似火龙果的帽子，兴奋地追打着。走到十字路口，路牌上分别是长颈鹿、大象、熊猫、鸟、鳄鱼，我顺直地朝鳄鱼方向走去。当然，你只能透过厚厚的玻璃，在人群的缝隙中观看那一只只孰真孰假已不能明确分辨的鳄鱼。这时我被身前观看的小孩儿吸引住了，那是一位漂亮的，有一头乌黑短发的男孩。当他走到这面玻璃跟前时，就惊奇地用手指指向沉睡的鳄鱼，发出好奇的“哇”，大概也只有那时的自己，才能这般新奇吧。从鳄鱼馆出来，经过了白熊馆与孔雀馆。我想孔雀大概是所有动物中对自己的美最心知肚明的吧，它们总是像秀场后台的模特，自顾自地喝着水，并不时地瞄一下周围的游客，投去高傲的目光。而游客们也将它视为公认的美胚子，将千篇一律的赞美赐予它。最热闹的便是熊猫馆，谢天谢地在制造熊猫时，没让它们屁股周围的毛多一些黑色。每次看到熊猫时，都首先看到它们那原本是白色的毛，却被污水或别的什么东西，染成脏脏的黄棕色，但是那笨重滚圆的姿态，的确让人心生爱意。以前有人抱怨过“应该取消动物园这种只为满足人类好奇、而让动物失去自由的行为”。可是，即使动物们逃脱了牢笼的束缚，而人类依然存在，它们真的会过得更好吗？谁知道。只是，有时会脑子一热，突发奇想，如果动物园的动物们真的像电影中那样，集体越狱—— 的一条命为前提。给我印象最深的，却是一个差点儿没进入的馆 —— 鸟馆。因为总觉得是那种完全封闭的，用玻璃隔着的展鸟馆，可没想到，掀开珠帘后，便是一座宽阔的、富有层次的户外观鸟馆，你会看到种类多样的鸟从你头顶飞过，耳边萦绕着清脆的鸟鸣，非常自由、放松。走出鸟馆后，我来到了今天去的最后一个馆—— 猩猩馆，一走到铁笼前，就看到一只猩猩在舔另一只猩猩的屁股，红红的大屁股，翘得很高。我不清楚它们到底是在干吗，只是觉得有些挑战我的视觉极限。没过多久，便看见那只屁股翘得高高的猩猩慢慢转过身，开始为之前舔它屁股的猩猩找虱子，非常仔细地、一丝不苟地为其服务着。突然，我想到了，也许有无数个这样的午后，它们都是通过这些简单单调的行为度过的吧，而这样的单调似乎又与我们的长辈，婆婆爷爷们很类似。他们也是会花整个下午，缝一双不起眼的绣花鞋。虽然之前对它们舔对方屁股的举动有些异议，但这接下来的互挠虱子，不就是所谓的互相依靠、相濡以沫吗？在暖乎乎的阳光中，我离开了动物园。

不加糖

以前，有一个老外在咖啡馆点饮料，店员问他：“要加糖吗？”他回答道：“不，我生活够甜蜜了……”这样的回答是浪漫的，也许是一个夏日午后，一位穿着登山装、背着厚重野外背包的大胡子男人，在一个可以落脚的咖啡馆，说出了这位店员也许一辈子都会记住的话。的确，大概也只有真正体会了人生的五味杂陈，并对虚荣的、缺乏人生实际愉悦的事物进行排除后，才可以有这样的心境，对待自己的生活以及从微小的事物中折射出对自己生活的积极感受。有时会觉得父母那一代，也许真的是穷怕了，经历了他们那个时代的苦难，于是对那些其实不用执意追求的过分关注。比如，终其一生都渴望有一所大房子，就拿我出的第一本书获得的稿酬来说吧，因为的确比较畅销，父母听到我卡里的尾数时，立马想到的便是“嗯，可以先首付……然后……”还没等他们说完，我便说道：“我从未想过赚到的第一笔钱，会用来买房子。”我以为其实父母不是完全不听取儿女的意见，问题是中国的大多数家庭是这样的：父母给出一套完全不是儿女所期待的方案，儿女若自己也不明白到底想要什么、想做什么，就会心不甘情不愿地接受；性格倔的，便采取抗拒、对立，或无休止地争吵。

然后，双方在非常不健康的情况下，背道而驰。所以，儿女一定得在反抗之前，说出一套自己的方案，不然，这种反抗是没有价值的。比如，我如果不想拿那一部分稿费来支付房子的首付，那么我便要说出我计划拿这部分钱来干吗，我对父母说："我会用它来旅行，去世界上各个地方，在游历的过程中，我又可以出版旅行方面的书，还会有更多的稿费。在我的视野更开阔，并且累积了更多财富后，再考虑买房，不是更好吗？也许那时甚至不需要首付了。"当然，前提是父母要相对开明，当你明确地说出你的长远计划以及证明你是有目标的、幸福的，他们没有理由不同意你。所以，有效、透彻的沟通很重要。每个人都是对幸福有追求的，而每个人对幸福的理解又各不相同，你必须找到一个适合自己的，并且最好是让大家放心的幸福，这种幸福会影响到更多不知幸福为何物的人。

EKICK

喋喋不休的人是不受欢迎的

无论是在候机室、火车上，还是在任何公共的场所里，我们都不可避免地会遇到各种身份、体貌、性格的人。他们在那个场所，与其周遭人所建立的关系是各自不同的，虽然这种关系只是短暂的，但足以对你此刻的情绪造成影响。来谈谈火车上的事。这是一个鱼龙混杂的 supermarket，你平时常遇到以及很少遇到的人，都会在这里出现，就像现实主义题材电影中常常出现的那种场景一样。比如，一定会有抱小孩儿的妇女，刚开始，那裹在彩色棉被里透着红脸蛋的小孩儿，让你顿生童趣、爱不释手。可一瞬间之后，那震耳欲聋的哭声，伴随着鼻涕与口水流在妇女的袖套上，妇女更加尖锐的斥责与小孩儿的哭声混为一体。这时的你，只有努力将自己的声音频道调至最小。当然，如果是一对妇女，她们一定会聊各自的婚姻；有小孩儿的，更是话题以小孩儿为主，从小孩儿在幼儿园的调皮捣蛋，到给他选择怎样的人生保险，以及聚少离多的在外打工的丈夫，总之，各自的家族史通过这短短的旅程你都略知一二。这么说来，男人们是不是在这方面显得受欢迎多了。因为大多数男人还是会选择在乘车时休息，或者安静地看一份报纸，除了那突然响起的恶俗的手机铃声，一般都是网络化的恶搞声效或者烂大街的通俗音乐。这个时候，你会很欣赏选用经典款单一音效的铃声的男士。坐飞机时，很怕碰到亲戚团，他们总有种将机舱当作自家客厅的野心，先是互传剥好的水果，然后开始聊各自的家常，如果双方都坐在靠走廊的位置上,更会上演双方的头呈金字塔的画面,直到空姐经过,打破这“情投意合”的画面。于是，当灯光渐渐自动调暗了，你以为可以安心入眠了，一段“嘀嗒嘟啦”的日系游戏背景声响起，男孩儿们开始了他们若无其事的游戏之旅，整个机舱都被这种紧箍咒似的神效围绕着……这样的场景会继续在我们每次出行间隙中永恒上演，你必须准备好一颗坚强的心。

Campbell's
CONDENSED
VINTAGE
SOUP

从客厅到卧室

有一天，经过一个街道，那条街行人穿行，各种小商品地摊让整条街乌烟瘴气。但是在这样的纷乱中，却看到了一位从样貌看应该是新疆人的年轻男子，面前铺着一块蓝色的绣有绿色图案的地毯，虔诚地坐着祷告。也许会有行人认为他的举动与周围的环境格格不入，甚至有些怪异，但那一刻他是宁静的。如今，我们似乎更愿意通过他人的评价与眼光去看自己，最期待的回应不是来自自己心底最深的那个回应。而节假日的以周为单位计算的“旅行”更像是一种逃避，或者快餐式的洗涤。总觉得，一个内心足够自由且热爱生活的人，他在自己的小王国里，已经可以玩出很多花样来了。我见过一些真正的生活家，他们会把自己的家，变得像一个乐园或者让你可以真正生活，而不只是居住的空间。他们热爱阅读，有一套自己的生活哲学，他们的职业可能是建筑设计师、产品设计师、茶文化研究者、自由作家……也许是工作的自由度让他们有可支配的时间，用来做这些在旁人看来有些奢侈的小事。他们在自己的时间里，过得很舒服、精彩，我认为这是性感的。我也时常会让我的家有些变化，让家变得像咖啡馆一直是我的动力，因为这对一位自由职业者来说太重要了。我们每天有很多时间待在家里，与茶几、书、杯子、地毯、沙发等打交道，而总觉得它们也是希望会有些变化的吧，或者换个方位，或者离阳光更近一些。有时候，选择爱人也像是在选择一种生活方式。你选择的那个人，是温暖、柔和的，你自己也焦灼不到哪儿去；倘若你选择的那个人，过于激烈与多变，那么，你也一定得怀揣着一颗同样激荡的心与之相伴。

Don't
Cry for me
Blue sky.

不属于任何人的房间

有一个晚上，我在异乡的旅馆，楼下一间有落地窗的咖啡馆里，我选好书，坐在一对女友的后面。刚开始，我以为她们只是在聊八卦，直到其中一位女孩儿起身去拿纸巾，才看见另一位已经哭得稀里哗啦。我忘记当时是什么节日了，窗外有人在放烟火，五颜六色的烟火在空中异常绚烂，那女孩儿的哭声震耳欲聋。坦白讲，我当时是有一些鄙夷的，因为可以料到一定不是特别重要的事，在这样一个夜晚，以及这样一个环境，特别是对面又坐着这样一位女孩。然后，一个酒杯被摔在了地上，女友说："你不能因为自己的那点事，而影响到他人呀。"服务生立马走了过来，打扫地上的碎玻璃，并询问是否被割伤……她说："我只想知道他们是不是在那间房里做的（意指她的房间）。"女友解释道："在哪间房重要吗？一个连房与车钥匙都是对方供着的人，你有什么资格谈你的房？你不觉得在哪间房都一样吗？这很有可能是不属于任何人的房间。"从后面的谈话中得知，那男的是一个艺人，正处于事业上升期，刚结婚不久，这位女孩儿是他在另一座城市的情人，他为她供养了一间房和一辆车，而这位女孩儿似乎还是在校大学生。她的女友一直劝说她："不要试图吃安眠药，这一点儿意义也没有，你应该对自己有些要求。”随后她还打了一个比方，她说，“如果我也想要一颗草莓，你也想要一颗草莓，但我手上还有一只橘子，而你什么都没有，你只想要一颗草莓，那么，我很有可能把这颗草莓让给你，因为我还有橘子。而你最后得到的这颗草莓，很有可能不是你赢得的，而是我让给你的，出于对一位什么都没有的人的一种怜悯，你懂我的意思吗？”然后，女孩儿居然破涕为笑，提着包，傻笑着与女友离开了。我不知道她到底有没有听进去女友对她说的话，但我很遗憾，在这么一个美妙的、充斥着烟花的夜晚，听到这些廉价的都市情爱谈话。像这样的不同版本、主旨类似的谈话充斥着这座城市的每个角落，平庸却又雷同。

白灵地图

在酒店房间看电视，节目里播放着白灵的专访。她为新剧的宣传，拍卖自己曾在好莱坞星光大道穿过的蓝色纱裙。她说这条裙子对于自己有别样的意义，当时是在奥斯卡的红地毯上，每位女星都绞尽脑汁地想如何在记者的面前留下完美的姿态，以及在第二天的杂志里上头条。而那时的白灵，只是一个普通的、性格豪爽、独自闯入好莱坞的大陆女星，没有背景，没有人脉，她的不易，可想而知。当天她身着那件宝石蓝的晚礼服踏上了星光大道，可这么势利却又广阔的好莱坞，怎会花时间在这位名不见经传的亚洲女孩儿身上？所以当时她只听到依稀的一两声快门响，然后，记者们将目光转移到下一位走上红毯的女星身上……而且由于没有受到邀请，她只能远远地，几乎是在外场观看了当晚的颁奖典礼，这就是那个晚上以及那条宝石蓝纱裙带给她的所有记忆。

我们常常会陷入一些尴尬与自以为脸面尽扫的事，其实这些情景，大部分是你自己的虚荣心在作怪。人们很多时候说出一句话和一句评价，很有可能只是当时兴之所致，脱口而出，说之即忘。而如果你要将那些话深藏在心中，并且反复咀嚼，那么最后过不去的，永远是你自己。今天谈到白灵，并不是要鼓励所有人都勇闯好莱坞。像她一样，去上一次《花花公子》封面，也不是每个人都能做到。只因看到了这名女子身上，除了杂志边角那些裸露照片以及为博出位不惜一切闯入好莱坞之外，是不是还有一些更有意义并且被大多数人遗漏的部分。

在采访中，白灵有句话让我印象深刻。当主持人问到“你为何要去好莱坞，好莱坞的门槛如何踏进”时，她说：“好莱坞的特别之处，在于它根本就没有门，它是一个开放的游乐园，你可以从任何一个方向进入，但必须以你的作品说话，那些性感，那些花边新闻，只是你微小的一部分而已，最终让别人接纳并记住你的，还是你的作品。就像今天你们邀请我来，也是因为我的电影、我的作品，不是吗？”

拍猫记

有时会想，为何旅行中，或者走过任何一条街时，都喜欢拍路上的猫？后来想想原因无非以下两种。

第一，相对其他动物，猫显得更轻盈自如一点儿，时常以流畅的曲线，出没于街头巷尾。但也正因为它的灵敏，常常转瞬即逝。所以，当你拍到它的完美瞬间时，会有种说不出的成就感，已将猫的宝贵身姿，以及与生俱来的那股灵气收入自己的镜头里。第二，猫的那种骄傲气质，有时很迷人。它们不会像狗一样，扔根香肠或者骨头，就会屁颠屁颠地跟着你，任由你摆布。猫，始终有股爱理不理的高贵劲儿，你扔给它食物，它会仔细端摹，爱吃的，会美美地吃掉；没兴趣的，不会多看一眼，扭头就走。正因为这股“不求人”的劲儿，反而让人更急切地想跟着它们的背影，尾随其后，在它们相对静止时，按下快门就是一张。不过，多数时候，你的快门没有它们的扭头快，或者被它们转身后的一声带有攻击性的“喵”吓到。但拍猫，尽管这样不易，依然无法阻止爱猫人的狂热。这只熟睡中的猫，是我在清迈一个寺庙里拍的，它的旁边还有另外一只黑猫，都在痛快地熟睡，所以我畅快地闪了好几张。为什么要说它们是痛快的呢？因为它们的睡姿是如此地豪迈以及不拘小节，但这在慢悠悠的清迈，应该也是稀疏平常的事儿，因为你在石梯台阶上、加油站旁、小店的门口……可以看到各种的猫猫狗狗，以同样豪迈的睡姿呈现在你的眼皮之下。其实，不但猫狗，就算这里的人们，也都是随意、慵懒、不慌不忙的。时常看到出租车司机在没有生意时，双脚搭在车头上，一手垫着脑袋，一手拿着一张报纸。你不知道他到底是在看报纸，还是在睡觉，但你会被这些情景与片段打动。

总觉得动物，或者其他你平日有些小看的人，并不一定没你机灵。也许是对方已经不屑于玩那些小把戏，将自己隐匿于一闭一睁之间。

嫉妒

嫉妒，是什么？

嫉妒，是让原本志趣相投的人形同陌路。

嫉妒，是一种卑微的喜欢。

嫉妒，是带刺的。

旅行中的自我反省往往是最深刻的，因为在平日的生活中，你全身心地与你熟悉的一切连接着，你是看不到自己一点一滴的变化的，你是自以为是的，你是骄傲的，也看不到身上的黑洞。

躺在酒店的床上，与朋友聊天。我说："你得罪过人吗？"朋友说："当然，只是我不愿再去回想。"

在谈这些问题时，我看到窗外的一对夫妇。他们是这家酒店的老板，他们每天各自忙碌着各自的工作。有时你会想，他们现在共同经营着这家酒店，在院子里放好听的歌曲，为植物浇水，清理院子的杂草。难道他们没有得罪过人吗？他们当然得罪过人，也被他人得罪过。真话，总是伤人的，也只有伤人的真话才能使人清醒。二十世纪八十年代出生的人，大部分都是独生子女，他们从小与自己为伍，有一部分提前融入集体，学会独立生活，这一部分他们还好点儿，至少会为别人着想。为他人着想，同时也为自己顺利地与环境产生积极联系。如果你总是自以为是，总是在自己的幻影中无法自拔，便很难与周遭的环境产生持续友好的关系。

当我们把一件事情做得足够好、足够耀眼时，问题就出现了。如何让这股耀眼的光线不影响到其他不愿意被照射的人，这就需要一个人的自我修炼。仔细回想自己每一步的变化，你会发现你是怎样地变成了一个你自己都无法掌握、琢磨不透的人。我们总是怀疑他人，那有没有想过自己与之连接的过程中，是否有私心，是否真正地，在不知不觉中伤害到他人？这些都是你自己要去过滤和清醒认识的。

人要意识到自己的问题并不难，难的是如何抚平那些问题以及缺口，它们就像黑洞一样，布满你的一生。

elvis

夜行巴士

在从清迈回曼谷的巴士上，我被开得过大的冷气以及持续的颠簸弄得完全不能像一旁的朋友那样在车上睡一觉直至天明到达目的地，于是决定裹着棉被随便写一点儿这两天发生在自己身上的事情。

我也不知道为什么最后我们决定坐这通宵的双层巴士回曼谷，只记得当时给我们列出几种回曼谷建议的那位人妖工作人员的表情极其生动，她反复强调坐这种晚上睡一觉第二天就到的巴士是最省事又划算的，况且就算坐飞机，也要花很多时间到离市区很远的机场辗转，于是，就选择了巴士之行。有时，人会为一些莫名其妙的人和事牵绊着，好像他们的改变以及位置的便宜，会让你一下子从海的中心失去方向，有一种左右不定的彷徨。大概这就是你所真正在意的人和事吧。他们的离去或关系的决裂，会在你心中激起一些涟漪甚至是浪花，而不是像对你无足轻重的人那样，挥一挥衣袖不带走一片云彩。

学生时代的那个自己，像一个白色的单纯的柱体，简单地放置在那里，每日的改变都是在那狭小的范围之内。后来逐渐成熟，身上发生的事情越来越多，认识结交的人也越来越多元、复杂，你会发现那个“单纯的柱体”似乎有了一些变形，甚至还生出一些新的枝丫。有时，看到在空中悬浮的那个越发复杂的自己，自己都会觉得有些后怕，为什么会有这么剧烈的变化呢？他们说要想知道你是怎样的一个人，从你身边结交的朋友，以及最常联系的几个人，就可以大致揣测出你目前所渴望成为的自己。

我们的问题是，越来越沉迷于网络，沉迷于对那些“虚拟的朋友”说话，以至于时常出现一群好朋友出来吃饭，点完菜后大家都掏出手机，沉迷于各自的社交网络里。而在一个人的一天里，他所能联系的人的名额是有限的，也就是说如果你将大部分时间与精力分配给这些虚拟的朋友，那么你的家人及生活中的真正朋友被分配的爱与关怀就会越来越少。

4/18
CHOPSTICK
CHARLIE
5'11,"
150LB
HAS
ONE
CRAZY
POSSE

《007》

“你看一下这片头，猜猜是哪一部电影？”一秒钟后，我自信地回答道：《007》。

这是在去科伦坡的飞机上，身边的朋友拿着遥控器，对一旁昏昏欲睡的我提出的一个无聊的问题，我也无聊地配合上演了这一出天衣无缝的剧情。我也很吃惊好莱坞是如何做到能一秒钟就让观众识别出是哪一系列剧集，甚至不用出现电影画面，只要熟悉的原声一响起，也能让观众立刻对号入座。那是《007》的最新一集，其实片头并没有立即出现邦女郎的性感侧面剪影，也没有男主角优雅地拿着手枪向屏幕温柔地一枪，只是在一片朦胧的光线中，渐渐显现出一位稳健的西装男人身影，你便感觉到，那就是“007”。

一个人在你心目中有着越发深刻的印象后，他的一些习惯动作或者标志性行为就会深深地烙在你脑海里。品牌通过这个让消费者成为它们的粉丝；人类通过这个，成功拥有让别人记住他的潜在因素。有时候，你与哪些人谈了多久恋爱，一起看过哪些电影，可能依稀记不清了，可对方的一些性格特点，或者标志性动作却会让你过目不忘。比如，有些朋友几乎只喝一个牌子的饮料，你每次看到他，无论是在办公室、公园、自己家里、朋友聚会中，他都只喝那一种饮料。或者几个朋友在某个地方等人，一声熟悉的手机铃声响起时，大伙儿会立即分辨出是哪位朋友到了，因为他设的手机铃声是如此特别。诸如此类的特性，让我们能更清晰地高效率分辨出一些特别的人，以及他们身上的一些特性。

这次坐飞斯里兰卡的航班，的确也是我坐过的所有飞机中，比较特别的一次飞行经验。印象深刻从它的“飞机餐”开始，我们平时吃的飞机餐无外乎就是问你“我们有鸡肉米饭和鱼肉面条，请问您需要哪种？”而这次首先是在派发飞机餐三分钟前，给你递来了一条“滚烫”的毛巾清洁双手，那毛巾的确很烫，像刚从沸水里捞出的鸡蛋。然后开始上餐，一盘分量十足的咖喱鱼饭，有冷肉和蔬菜的怪异沙拉、黄油面包，一盘同样有咖喱味道的类似土豆泥的东西，餐盘的四角依次放了透明的玻璃杯，桃红色的有把陶瓷杯，以及塑料小杯，它们分别用来盛放白葡萄酒，红茶，果汁……

不管怎样，坐过这么多次飞机，这整个机舱都弥漫着咖喱味的飞行体验，还是深深地印在了我的脑海里。它舒服还是不舒服，已经不是最重要的了，至少它是如此特别。

一颗椰子的哲学思考

躺在海边的吊床上，悠闲地晃呀晃，但这份悠闲止于我抬头望见，在我的正上方，也就是我的头顶，有几颗如女人乳房的椰子。

斯里兰卡的海边风很大，所以巨大的浪花，吸引了世界各地的游客来此冲浪。正因为如此，我会为在椰树叶摇曳下的那几颗即将成熟，等待被劈开、插入吸管的椰子忧心忡忡。脑海中甚至出现了椰子落在我脸上，血浆四射，鼻子与眼睛大面积毁容的画面。或者还有另一个较幸运的版本，椰子识趣地砸到了我的 iPad 上，我又立即联想到如何抢修它，是否还能导出里面的那些重要文件……想到这些时，我又温柔地望向天空，三个黄色的椰子，似乎在嘲笑我的愚蠢。就这样，我计划的“无忧的海边飘荡”多了很多忧愁。

我也不知道是金牛座的关系还是性格使然，再浪漫的事，最终在我身上都以实际告终。我总会去预设很多基本上不怎么会发生在我身上的危险，也许是我“太爱惜生命了”。记得有一次，一帮朋友相约去山谷里玩，雨衣都准备好了，并且在约好的地方准时出现。可当朋友的车慢慢驶来，一个一个朋友都相继上车时，我却迟疑了，我突然又鬼使神差地在脑海中浮现出以下画面：朋友的车在蜿蜒的山谷中行驶时不小心遇到山难，或者汽车抛锚，掉入山谷，车中所有人员遇难，第二天成了新闻头条……于是我随便说了个谎，打车回家。这样的事情时常在我的生命里上演，我自己都无法料到会如此地敏感与神经质。还有一次和朋友去远离城区的一个温泉山庄度假，因为这里没有汽车等其他交通工具，只有租借度假村的摩托车去附近的餐馆吃饭。于是朋友骑着摩托车过来，叫我坐后座一起出去吃饭。我又开始犯难了，我说："我从来不坐这种高危险系数的交通工具，为什么你这么不注意你的生命安全……"

我想我身体里的这部分，算是非常灰色的地带，我对生命危险的忧心忡忡，很有可能是因为我还过分依赖那种相对安全的状态，也有可能是我太戏剧化，有时会把虚构的与现实的相混淆。还有就是，我可能真的太想好好活着了，以至于所有让生命安全受到威胁的行为，我都主动抗拒，就像那几颗摇摇欲坠的椰子，也许根本就没有存在过。

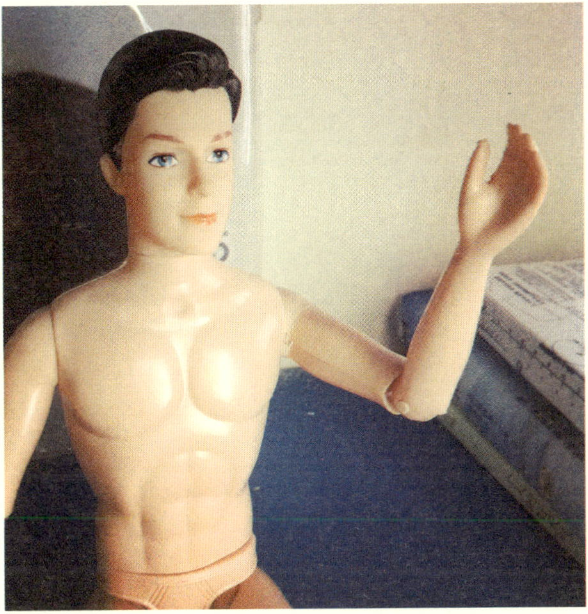

享乐主义

哲学家罗素曾说，“有钱，有闲才是产出文明的基础。”我也始终相信，这世上一定是有一部分人选择庸碌，另一部分人负责享乐。

时常听到有人这样抱怨：“我每天比他们做的事多，到公司也最早，最晚下班，每月工资还是这么点，也没多少积蓄，每天麻木地生活着……”而既然有这样的所谓“得不偿失”，那一定也是有那些“偷懒却又富裕的坏家伙”作为对比，我们称之为“享乐主义者”。把这两类人硬扯在一起谈论，虽说有些牵强，可生活中，大多数人其实就是站在这两种各自的阵营里。有一次在斯里兰卡度假，我们包了一辆嘟嘟车，司机全天为我们服务，走到哪里想下车溜达一下，或者拍拍照，吩咐他一声，就可以了。然后，当我们再次回到车里时，司机又像打了鸡血似的，一边开着车，一边向我们介绍当地好玩的去处。一天下来，我们都有些累坏了，他却只是偶尔擦拭下脸上的汗水。本来我们包的是全天，但我和朋友都觉得差不多可以回去了，便提议让司机提前收工。那位司机惊讶地问我们：“是太累了吗？我还可以送你们去看瀑布的，只需四十分钟的车程。”我们说：“算了吧，今天已经收获很多了，您也挺累了吧，辛苦了一整天。”他立即用流利的英文说：“这是我的工作。”对呀，这就是他的工作，即使不花四十分钟送我们去看瀑布，也得以同样的油钱与体力去服务其他游客。

这个世界就像一台巨大的运行着的机器，每一个人，都像是机器中的一个零件，是各司其职的。而每个人如何去面对自己所处的工种，也是各不相同的，所以，也一定存在着有些比较松动、有些相对结实紧密。

有位朋友的一句话对我影响很大，她说：“钱，你会花才会赚，你花了，它也总是会再被赚回来的。”综观身边的朋友、家人，那些天天计算着每一笔开支，并且不愿意放手去消费任何自己想要的事物的，他们所有的金钱会一直停留在那个阶段，不会少太多，也不可能涨到哪儿去；也有一类人，你邀他们去旅行或度假，永远都是止于“没有钱”以及“现在就走吗？我还是考虑下吧，我的贷款还没还完……可是我好想像你们那样四处旅行呢”。

而享乐主义者，似乎很少会委曲求全，总能让自己尽快地获得生活赐予他们的“礼物”。同时，他们也是脸皮比较厚，不会有太严谨的道德观的一族，他们总会为自己的“自由与快乐”全情投入，即使会让旁人有些不太理解，也愿意对那部分“愤愤不平”视而不见，因为如果被他人的不自由感染并束缚到自己的自由，这在享乐主义者眼中，也是不被允许的。

Love Together

爱情圣经

“爱，是看不见的，是存在于微小的，是你们争吵缝隙中的，是不计较回报的，是没有道理可言的，是易碎的，是能修复的，是你以为完了其实它还存在的。”

我们都在提醒他人“不要把自己所厌恶的行为，再次施加于他人身上”，可谁又真正做到了？

有时，失望比犯错更可怕。因为失望是对一种错误的累积到最高级。我们看他人，或者说眼前的这个人，总是清晰的、理性的。他的每个毛病、缺点都像牙膏广告一般，每一个分子都一清二楚。可我们看自己总是模糊的，或者说透明的，好像那些问题都不曾发生于自己身上一样，好像我们指责对方的那些看不顺眼的行为，自己丝毫没有参与过一样。

其实，能选择两个人一起生活的人，本身是勇敢的。一个人，在这个世界上已经够麻烦了，何况两个人。一个人，都够自以为是了，何况两个人。我始终相信再怎么看上去完美无瑕的人，相处久了，或者足够了解后，一定是能看到他身上的各种毛病的，那些毛病大于或等于你所犯的毛病。而问题是，爱情似乎从来没有裁判或者法官，所以，你很难说孰是孰非，你和谁讲？他又去向谁问？他人是无法真正参与以及评断你们的所有问题的。而更重要的问题是，如果你们放弃了去寻找答案，并且你们心中没有准备好一个新的答案，那么这段关系一定是危险的。

一个人，在他放弃在对方身上寻找答案时，那么被放弃的那个人，立即变得苍白，失去活力，他的表情是僵硬的，是不被点燃的。而那个胸有成竹的、主动选择放弃的人呢？他可以找到各种放弃的理由，并且在他选择再次面向那位冻僵的，差点儿被误解推向深渊的可怜鬼之前，他都是为自己在这段时间，甚至更长时间里所遇到的不公愤愤不平。这都是两个人要去解决的问题，你们的关系，那条绳子，从来都是握在你们两人手上的，你们一定要对它足够重视。你们如果要爱，一定得试着尽可能地排除自己的自私，一定得腾出足够多的时间与空间让爱参与其中，你们不要忘了，你们之间，除了爱，什么都不是。

马桶旁的『凶杀案』

我时常会握着一卷报纸或者杂志走进卫生间，然后用纸巾小心翼翼地将马桶圈表面擦拭到我认为干净为止，再调整好最舒服的坐姿，最后才进入到那忽长忽短、或愉快或踌躇的排泄阶段。

而更可怕的是，坐在马桶上，我心理却时常生起一些不寒而栗的念头。比如，因为材料或者结构不合理，安装出现漏洞等原因，马桶突然爆裂。整个臀部被碎片刺伤到血肉模糊，直至前列腺严重损害，无法再进行性生活……

类似这样的“死亡画面念头”会不间断地出现在我的脑海或潜意识里。比如，我是很排斥坐跑车之类的，或者在高速公路上飞速行驶。那种所谓的速度感，丝毫不会令我兴奋，反而会让我觉得那是一场噩梦的开端。记得有一次，和公司同事周末去郊游。约好了周末在某个地方会合，而我也是早早就到了，与同事交谈甚欢。记得那天的天气很好，万里无云，阳光明媚，直到老板的车缓缓向我们驶来……我突然又产生了那种“死亡恐惧幻觉”，我在想这么一群年轻人，坐在这么小的一辆车上，还要穿越陡峭的山崖，这不就是直接抛锚、整辆车掉入悬崖的节奏吗？想到这些，我实在无法消除自己内心的恐慌，随便编了个理由，向所有人道别后，惴惴不安地上了辆巴士火速离开……

也许，是我太爱惜自己的生命了吧，爱惜到有些变化，心中那安全警报器时不时就会发出刺耳的尖叫，这让我时常成为朋友们议论的对象。曾经有人对我说："也许你在某些方面的确是具有天赋与才情的，但你作为普通人的一员时，你简直太格格不入了。"

Have Yourself a Merry Little Christmas

孤独的房间与子弹恋人

他从柔软的床上起来，去卫生间小便，这家旅馆的洗澡喷头一直漏水，滴答滴答的声音令人沮丧，而更让人不舒服的是，那些水会将黑色大理石的地板溅湿。于是，他将卧室的地板垫移到了卫生间的马桶边上，因为他想“至少得留一块干净的区域吧”。

他昨天做了很多奇怪的梦，像被带进了另一个疲惫的世界，在那里有不断重复穿插的环境，梦里出现的地方都是那么相似。他梦到小学老师，那位满脸皱纹的老师在为他修改书名及封面设计。那是一本封面像古代书籍的小说，书名他已经记不清了，卫生间的滴答滴答声还在继续回响着。通过那个梦，应该可以知道他是一名小说家，大概也只有小说家才有这么多时间将自己困在一个鹅黄色调的房间里。他开始回想为什么会来到这家酒店。

应该是昨晚，他与朋友提着大包小包的行李，根据手机上的信息，找到了这家在一片草坪里的旅馆。他对朋友说这里让他想到了学生时代，那时学校也被这样有些废弃的草坪与操场包围着，有时傍晚时分，天空也出现这样橙红色的夕阳。因为实在走了太多路，他们很早就倒头睡着了。这家旅馆的地板是黑色的，浴室的瓷砖也是黑色的。他说，他喜欢黑色的浴室。

第二天，已经只剩下他一个人了，朋友出门办事，他选择留在这个房间。他打开电视机，屏幕上出现的第一个画面便是一对情侣在路边坐着。男的穿着一件复古的机车服，在一旁点着烟。女的穿的是白色的T恤，蓬松的头发，扎着一个马尾。男生的目光呆滞，看上去很没有未来的样子。女孩儿偏着头，望向天空。他看到这里，开始回想网络上这段时间发生的事情。他心中突然有了这么一个念头，他认为一对恋人，他们的关系，很像是子弹。你不知道它什么时候会爆炸。但人与人的关系，就是这么容易引出一些微小的暴力与战争呀。

在一起的两个人，总会觉得对方是故意让自己生气的，总会觉得有问题。这很像一场游戏，是一个导演故意安排一些剧情，让恋人们在其中玩耍、游戏。有一部分情侣，懂得如何更好玩地玩这个游戏，有些情侣不适应玩某一些游戏。于是，会出现有人临时选择放弃，离开这场游戏的情况。

有时想想，在这漫长的关系里，如果恋人之间不这么互相折磨，推倒，又重建，日子如何过得去呢？

MARION
PAUW
GULZIG
SOORYA

月亮与三便士

旅行，时常会这样，你本来是去找一间餐馆吃饭，可走着走着就进了一家书店，买了好几本完全看不懂、但却有足够当地特色封皮的二手书，然后还顺便挑了几张明信片。本来是陪朋友买一个大一点的包，用来分担超负荷的行李箱，可在店里却流连于薄荷香薰、丝织的莲花图案杯垫，自己可能穿不着，但因为它的独一无二，执意要买下带回家的衣衫。

由于本地曾被法国殖民治理，所以，这里的很多街道都是直接以法语命名。我们住的旅馆旁边，有一家土耳其风格的小店，主人是一对夫妇，一位非常漂亮的法国女人与她的土耳其先生共同经营着这家店。他们是在何地相遇，又如何决定漂洋过海来到这里，开一间属于自己的、每个细节都那么特别的小店，想必一定有一段属于他们的浪漫爱情故事。女主人将我们带到楼上的一间木屋里，里面保留了当地老房子的青石墙面，地板上简单地放着几张木桌与靠垫，这里的姜汁儿柠檬水与冰茶口感都不错。

到了夜晚，你会看到印度与其他国度更加不一样的地方。这边有非常多的教堂，印度也是出了名的贫富差距大的国家。这条街可能都是装修高档的法式餐厅，地面也干净宽广。而另一条街，很有可能就是完全的落后景观。老式的交通工具，电话也是我们童年记忆中的那种方块形的座机，穿着邋遢的游民，遍地的垃圾与污水。我们走着走着就到了海边，海边有一个小的街市，卖的食物都很便宜，一碟用芭蕉叶盛放的花生米，折合成人民币也就几毛钱。也许是这边气候比较炎热的关系，当地居民都喜欢晚上来到海边散步。突然听到前方有人在叫喊，本以为是有人在打架，走过去才发现，是一群人坐在一台悬在半空中的大电视机下看球赛，看到喜欢的球队进球时，便发出兴高采烈的呼喊声。听说，在这边的电影院里也会出现这样的画面，看到令他们兴奋的镜头，会立即拍手起立欢呼。

最后，我还是喝了一点儿酒，从一条街走到另一条街，路边依然躺着很多贫穷的人，也有很多人责骂这个国度的混乱、野蛮、性罪恶，但对于大多数不是含着金钥匙也是含着银钥匙长大的我们来说，似乎从未真正经历过所谓的贫穷。首先应该知足，然后学会宽容。

NO PARKING

沉闷的车厢话题

我在去往下一站的车上看书，我的手指一直散发出一种印度特有的那种香料的味道。这让我想起爸爸的手，他的几个手指都是那种烧焦了的颜色，并且你总能闻到几丝烟味，因为他总是爱抽烟（听我妈说他八岁就开始抽烟了），而且烟龄真的够长的。坐在空调车里，看着窗外的山水也不错，这里经常会有很奇异的风光。比如你只有在美国西部片里才能看到的像卷尺一般的黄沙公路，有时在蓝天白云下，会有一些风车，在空旷的田边转动着，还有像旧明信片般的青山。到了黄昏，无尽的天空中会有一束光从云层缝隙洒向地面，那画面会让人觉得宁静而空远。

因为我是一个很感性的人，所以一直会疑惑，司机是如何做到在车辆快速从你窗前穿过的情况下，不会担心被撞到，如果要叫我在这种情况下开车我会疯的。首先影响到我的，就是我时常爱开小差。也就是说我可能开一会儿车没问题，但开久了，疲劳了，当前方的车快速向我靠拢时，如果我突然想一下别的事，或者打个哈欠什么的，岂不是就挂了。所以，我是不会允许像我这样的人学会开车的，这是在为自己着想的同时，也考虑到不要再危及他人的安全。在想这些问题时，我透过照后镜看到了司机那双炯炯有神的眼睛。要知道，我已经在车上大概睡了三次觉了，而他，只是中途在高速公路边上停车撒了泡尿，其他时间，一直全神贯注地握着方向盘，盯着前方的路。有时，我会特别佩服以及心疼这些司机，这是一项非常辛苦及危险的职业。

有一次,也是在去往某地的漫长车程里,与朋友在后座聊天。我说:“为什么日本电影里时常出现死亡这一命题？”他说 :“因为这个国度的人们是不大相信永恒这个词儿的，他们认为任何事物都是短暂的,包括生命,当然这与他们的地理环境等也有很大的关系。”而大部分时间，我是相信永恒的，只是每当我所坐的地铁车厢被快速地撞击，发出一声巨响时，我都感觉一个生命正在消失，而恰巧那个生命不是我。

IMPOSSIBLE
THIS IS OUR
TRULY IMPOSSIBLE

爱的挽歌

我坐飞机周游了世界　还曾调停过西班牙的革命

就连北极点也已踏破　可在你面前竟寸步难行[1]

这是一首美国老歌的歌词，简单、直接地道出了人与人之间无法言说的距离。这又令我想到了另一首歌的结尾："你离开我就是旅行的意义……"我曾多次问过身边的朋友这个问题："为什么你离开我就是旅行的意义呢？"答案有很多，有人说，因为歌曲中这位累计了许多飞行，品尝了夜的巴黎，还把记忆埋藏在土耳其的男人，从头到尾都没喜欢过这位女生，而她所迷恋并与之连接的，只不过是女主角自己的一厢情愿罢了。另一种解释是，这位漂泊放荡的男子，也许是爱着她的，只是比起对她的爱，他更爱自由，更爱踏过下雪的北京，以及拥抱热情的岛屿。就像电影《碧海蓝天》中的那位男主角，他是为海而活的，他可以不顾爱人以及家人去拥抱海洋，因为他更爱海。也许这样的人，才是真正意义上的艺术家，他们是纯粹而又自私的，与他们产生关联的女人，是具有灾难性的。而所有答案中，我更加倾向于"放手让他去找寻他真正所希望的爱，让他自己去找到爱你的灵感和理由"。如果一个人热爱旅行，又总是喜欢一个人去那些地方，偶而给你寄一张明信片，那么，他的旅行就是与你没有太多相关的，爱的成分在他的版图里，只不过如地图上的一个红标那么微小和局部。这不是你的问题，也不是他的问题，是你们不构成一对可以共同去经历这些美景与时光的可能。

我也曾在书中写过这段话："再自恋的人，在爱人面前都会自贱自惭。"当然，这句话的前提是，他必须是爱着对方的，这种爱让平日自傲自负的他都有所收敛，因为好的爱人，一定是一位好的导师，这种导师是与学历、知识储备毫不相关的，这位爱的导师同时扮演着你生命中重要的各个角色，他可能是你的父母，是你的长官，是你的杀毒软件，是你的闺中密友，是你的另一个自己，是上帝……所以，他是难以把握的，是珍贵的，是你不愿意轻易放弃的。而我们对爱人的谦卑，实质上也是对自己的看清，他可能是最后一位可以让你直面自己如此多的不完美的人。

[1] *I Can' t Get Started*（《难以启齿》）是一首美国老歌，作曲者是瓦农·杜克，作词者是艾拉·格什温，在二十世纪三十年代后期曾红极一时。

Free
50
Lactasoy
SOYMILK
ORIGINAL
CLASSIC
Extra 300
Sweetened
Nutrients from
Natural Soybean
LACTASOY

露天餐馆

我们的城市缺少什么？少很多家露天的、可以晒太阳的餐厅。就拿我所在的城市来说吧，每当圣洁的阳光毫不吝啬地普照大地时，我就想立即走出家门，去享受自然带给我的礼物。可我却时常找不到那种可以一边晒太阳，一边享受美食的餐馆，这总让我很苦恼。有时，会看到一间装潢还算考究，有一些艺术基调的餐馆，你走进去，会误以为是在停电，整个大厅都是黑压压一片。并且还有那么多的人，在餐桌上讨论着“年终计划”。我在想，为什么不在户外聊这些事呢？为什么对这些稍纵即逝的阳光视而不见呢？总之，大部分餐馆都是不够开放的，也许这取决于老板的心思。在本城的北边倒是有几家还不错的，比如可以露天喝茶、聊天以及用餐的意式餐厅，但是它们太北了，我完全找不到为了一顿午餐大老远跑到那边去的理由。我们都知道，在东南亚，在欧洲的任意一条街，这样的露天餐馆遍街都是，我与其是在谈露天餐馆，不如说更想强调一种生活方式，我不知道我们究竟在忙什么，以至于忘记了享受阳光。我们不厌其烦地去吸引全国连锁的、千篇一律的装潢及品牌 Logo 的咖啡馆、餐厅……让它们取代原本可以因地制宜，设计出富有创意，且与自然完美结合的本土休闲文化餐馆。当然，也会有人质疑这只是小资情调的无病呻吟，只是，谁又不希望自己的生活过得更有质感呢？你可以从改变自己的固有思维开始，继而去激发他人追寻自己所向往的生活，那么这就是你非常积极丰盈的生活方式。

SUBLIMINAL

著名人物

前几天，与一位前辈喝茶，聊到了作家的定位，她说：“每个领域都是有所谓圈子的，当然作家也不例外。”是的，如果你想要在“作家圈”混出个名堂，一定得学会与作家们友好相处，互相尊重当然是入门阶段。我们都知道，所谓竞争对手，势必双方的受众群是有重叠的。所以，能大度地敞开心扉，让资源共享，当然是已经混清圈子的第二阶段。她说，首先你得找一位在业界有资深的学术背景的人为你写个序，最好是将大家质疑你的部分，也通过“专业”的口吻对其进行说明与阐述。多参加相关活动、沙龙……每次听到与自己意见或习惯相悖的道理时，我都会陷于无止境的放空，然后机械地在关键停顿处点头，示意明白。这让我想到了有一次与一位热爱哲学的女孩儿聊天。我说：“虽然，有时我也会羡慕某一种大家都觉得很牛的生活方式，并且当时真的会陷入沉思，心想自己要不要也这样过一次，可每次回到家，洗了澡，第二天一觉醒来，依然又回到自己最舒服的生活状态。”所以，舒服是最适合自己的，哪种生活方式令你舒服，并且感到不后悔，也许就是最适合你的生活方式。以这样的逻辑，我们也可以得出，任何人，他选择了适合自己的生活方式，哪怕是你觉得不屑或排斥的，也同样是自然的，被允许的。你想想，如果他们不想那样生活，转而都与你一样，那这个世界有多单一，并且也可能因为大家都去做了你也想做的事，最后，你却没有了名额。所以，让自己放松，甚至不需要接纳，只是不再执意分辨他人行为的正确与否。平和地、从容地去处理好自己的问题，将自己的工作及任务处理好，不要给这个世界添麻烦，就已经是一件很棒的事情了。

THIS IS OUR
TRULY IMPOSSIBLE
INSTANT FILM
PX 680
WITH NEW COLOR
PROTECTION FORMULA
FOR YOU TO SHOOT
8 COLOR PHOTOS
WITH A POLAROID
TYPE 600 CAMERA

旅行结束后要做的十件事

旅行，有开始，就有结束。为什么要去旅行？旅行完了该做些什么？这本身就是旅行最重要的部分。

以前从未有过类似的问题，总觉得只要有机会、有钱，有一起上路的伴侣，就自然而然地踏上旅途。结束时，也匆匆忙忙，好像都没来得及与那个你游览过的城市好好地道别，又回到原有的生活轨道中去了。也许是这次旅行本身就比较漫长，途中所经历的困难与欢喜也只有我们自己最清楚。有时候旅行久了，会非常考验你与旅伴的默契与关系，因为旅途就像一所你们构建的房子，你们要住在里面，必须去面对及权衡所有问题。

记得前段时间的东南亚之行，在快接近尾声时，与往常不太一样的是，好像有不少事我回国后便要一一去面对及处理了。首先是我的书的事，在这次旅行途中，我有好几本书同时在进行着，首先当然是旅行书，它是这次旅行的精华及最具纪念价值的产物，因为我从未尝试过一边旅行，一边记录下当时的所观所想，并集结成书，这是第一次。另外，还打算将旅行中拍到的一些比较怪异特别的图片配上我的简短文字，出一本摄影书。因为旅途中遇到的那些孩子单纯的脸，那些橙黄色的夕阳，那些穿着漂亮纱衣站在门前的少女，都曾无数次打动过我，我希望他们被更多人看到。当然，还有我的另一本随笔集，也收录了一些我在旅途中有感而发所撰写的文章。第二件事，当然是要吃一些家乡的美食，因为印度、泰国等地的食物虽然够特别，但味道的确不像家乡菜那么合自己的胃口。记得和朋友在斯里兰卡街头散步时，还会玩“报菜名”的游戏，就是你一句我一句地报自己此刻特别想吃的菜，比如，日本拉面、清汤抄手、火锅、卤牛肉、三鲜米线……这类在东南亚几乎吃不到但又特别怀念的食物。第三件事是与友人吃饭，当然是将旅行中的趣闻与朋友热烈分享，并送出在旅途中为他们量身挑选的纪念品。第四件事是将所有数码产品重新换膜，因为在旅途中不可避免地会弄花屏幕，看上去脏兮兮的，甚至还有可能会有咖喱味。第五件事是将这段时间错过的电影全部补上，因为看电影是我储备“能量”的一种方式。第六件事是去我平日常逛的那几家书店，泡一下午，这大概是我平日最常去的场所之一。第七件事是去逛我家附近新开的某品牌店，因为走的时候，它还在装修，心里一直惦记着，所以回去一定得去亲眼见证一下。第八件事是帮朋友搬家，因为这是之前就答应了的，也好久没有回到那间熟悉的屋子。第九件事是将自己的卧室暂时改为印度风，因为我一定会带回去很多东南亚风格的饰品，它们一定也会贯穿于我家的各个细节，这样也挺好的。这一回走东南亚，回来就是印度风，下回去欧洲，回来家里又变希腊风了也说不定，这样的家才是世界风情的吧。第十件事，当然就是闭关几天，好好地整理下旅行中所拍的照片、所写的文字以及所吸收的文化与给自己灵感的东西，慢慢地过渡到原本的生活。

有时，旅行就像给自己的身心做个 SPA，它不会持久地对你的生活起到翻天覆地的作用，它舒缓地、循序渐进地将你在旅途中所吸收的灵感与精华融入你的生活，这才是它奇妙却又特别的地方。

羞耻的梦

“马上就要迟到了，你却上身赤裸地走在乡间小路上，而这条路正是通往学校的小道。你发现自己的鞋也没有穿好，整个一身都是不合格的装扮，你这样去教室一定会被同学们讥笑，但又真的没有多余的时间可以让你回去换衣服了，于是你试图奔跑，却怎么跑也跑不快……”

上面这则梦，我想这世上应该不止我一个人梦见过。因为在弗洛伊德的书中，也同样出现了与之几乎一模一样的梦。弗洛伊德是如此解析这个梦的：梦主人感受到的羞耻与周围人的无视呈现出奇特的矛盾，难道他们不该惊讶莫名将公然裸体的梦主人驱逐出去吗？对于儿童来说，裸露是一种本能的愿望，一群天真的儿童在一起，彼此裸露，谁也不会觉得谁不雅，而一旦有了羞耻心，即宣告了儿童时代的结束，成人世界之门开启。直到现在，偶尔我也还会做类似的梦，梦到衣冠不整，或者不合时宜地出现在一些场合。回想那些阶段，的确是最担心自己的名誉、形象及口碑的时候，每个人都渴望引起他人的关注，这是天性，只是有时暴露太多，便会对自己产生怀疑与愧疚，也就是所谓的羞耻心。明明想让他人看到自己，又担心别人看得太多，这本身就是一次为自己添乱的过程。

总觉得，我们越担心他人的看法与眼光，便会越发地引来议论与关注，你所要解决的问题也就越多。因为原本可以一笔带过的，由于你自己心里那关无法度过，于是越描越黑，你解释一遍，便又多出一个新的问题来。所以，倘若你真的想走出那一份“羞耻”，就应该试着去做另一件不会令你太过“羞耻”，并且更阳光、远离虚荣的事。那些厌弃的目光，以及流言蜚语自然不会一直驻足在你身上了，并且，也许你可以暂时远离羞耻的梦。

Safaris By Jeep
Tours to Sigiriya, Dambulla, Nalanda, Aluvihare and Kandy can be arranged.

麦当劳附送的透明水壶

帮朋友搬新家时，发现行李包里有大大小小形状、颜色不同却很接近的透明水壶。我问：“这些水壶都是在哪儿买的呀？有用过吗？怎么感觉都差不多。”他冷冷地回了句:“都是吃麦当劳送的。”

对呀，总会有一类人，并且还是一大类人，本来是去商场买上衣，却买了一堆袜子回来。本来打算去超市买酸奶，却买了好几包速冻饺子回去。当然，也有本来想去麦当劳买杯冰可乐，却因为买新的奥尔良鸡腿堡双人套餐送“随身壶”，而提了两袋汉堡套餐回家。这大概也是商家们早已预料到的场景吧。最绝的还是肯德基最开始推行的“第二杯半价”的口号，这一度是我心中认为的“最智慧销售策略”之一。稍微有点儿商业头脑的，都知道这是一条赚不亏的聪明策略，去这些地方吃饭的，除了赶时间的上班族，就是那群青春年少、三五结伴的学生们，能够因第二杯半价一起分享同一款食物，无论是增进友谊，还是让爱人觉得能享受实惠的“情侣套餐”的良好感觉，都是一种双赢。

看到这些看似精美、实质无用的“随心杯”，突然想到手机里的那些几百年都没拨打过的号码与名字，它们是怎么出现在你的手机里的？与朋友唱K时，第一次见面，却因聊到一个你们都爱的乐队而互留下彼此号码，再或者是去家居市场闲逛时，被“一见如故”的销售人员死缠烂打，非要留个号码，说以后有新货一定第一时间通知你……而这些陌生得快长草的手机号码，也像那些“随心杯”一样，不是不想丢，是懒得丢。

六十岁在阿姆斯特丹安乐地死去

今晚从坐地铁起，直到回到家躺在床上，整个膝盖关节都像冰砖似的疼痛，大概是室内外温差或者气候变化的原因吧。我的身体表面上似乎还是比较健康的，没什么显而易见的缺陷，但我总能时不时地感觉到它在发出一些警告，就像恐怖片里的小男孩儿，走进被诅咒的老房子里，而走廊，或者某个破旧的小房子里，总能听到一些奇怪的声响或者剪刀掉到地上的声音，而那间发出奇怪声响的老房子，就像我的身体。

除了间歇性发作的关节炎外，身体里还有常令我担忧的病患，如牙根流血。记得有一次在印度某旅馆的卫生间里，我正准备吸一口水刷牙，可我看到的画面是，洗漱盆里有一摊鲜红的牙根里流出来的血，我立即拍了照发布在网络上，朋友说："快去看医生吧，你这牙齿出血出得太夸张了……"其实，在家醒来漱口时，我时常会担心，是不是又要流出一摊鲜血。我的肠胃也有问题，不能吃太辣的食物，并且时常容易犯困，在街上走着走着就会困到想倒头就睡……有时想想，真的希望能在四十岁之前享尽所有的荣华富贵，然后五十岁时去做一些纯公益的事务，到了六十岁就去荷兰，在一个平淡无奇又阳光温和的午后，安乐地死去。为什么会选择去荷兰，因为我想到它时，眼前总是一层淡淡的薄荷蓝，并且荷兰是少数几个安乐死合法的国度。

其实，当你试图谈论并记录死亡时，是特别正面和积极的，因为你试着去理解它,并把它视作一种艺术。我非常喜欢电影《不见不散》里的一个片段，徐帆与葛优饰演的欢喜冤家一块儿坐在飞机上，葛优做了一个梦：在一所宁静的养老院里，一位老人坐在窗前，桌上放了一个鱼缸，红色的金鱼在里面游来游去。老人打开电脑，敲打着这样一段文字：“现在，我已是风烛残年的老人了，我没有结婚，也没有子女，可我不能无依无挂地离开，因为我总能感受到你的存在，你就在我附近，我能感觉到你，你需要我的照顾……”于是，在草坪上，一位蹒跚的老奶奶，扶着拐棍，在夕阳的余晖里缓缓向他走来，他们终于又见面了。老奶奶胸前还戴着那只他们刚来美国时买的、印有美国国旗的怀表。直到有一天，窗外夕阳西下，老奶奶坐在摇椅中，老头在看着报纸，看着看着就倒在了老奶奶的怀里，老奶奶手中的相框掉落在地板上……

GEOFFREY
BAWA

放下

看到一幅字画，空白的宣纸上，只有两个草体的“放下”。

中国的汉字，是最自如的哲学。如此简单的两个字，却包含了几乎我们生活问题的全部，大部分时间，都是因为没有很好地放过他人，也从未真正地放下自己。人似乎还是会本能地需要做出一些小动作，渴望通过这些小动作，引起他人的注意。而这种心理和行为一定是有风险的，并且是矛盾的。我们心中升起的每个念头，或友善的，或狡猾的，他人也许都曾升起过，或者正在升起，所以，你千万不要以为你足够聪明或者侥幸，你只是一个大多数人犯的错你同样会犯的人，并不会高明到哪儿去。所以，我们的问题是，以为自己会很好地胜任这一切，并渴望得到更上一阶层的赞美，而上面怎能只存在简易的赞美，我们所要面对的，还多之又多。

放下，是那些让你不自由、困住你的念头，得以集体的规避，因为只有当你不说、不提、不想时，那些之前所缠绕你的问题，才得以停止或者有新的转机进入。常人所爱犯的错，不外乎是你得到了部分他所未得的使之嫉妒，于是通过一个你错走的机会，加以报复。或者，你没做出什么了不起的事，却做出一副胜券在握、扬扬得意的姿态，这都是会使人厌恶，并会加以讨伐的。所以，世间无处不存在口舌之争，每个人都试图通过自己的见解，去说服或者影响到他人，但很多时候你认为重要的，与我认为重要的，并不相同，于是产生矛盾与纠纷。

在印度旅行的那段时间，正是国内雅安发生7.0级地震时，网上沸沸扬扬全是与地震相关的信息，这本是情理之中的事，可现在又出现了一批“道德卫士”，就是他们会全天只转地震的消息，并看到他人如果发布个人的或者与地震无关的信息，会立马斥责与痛骂，这些都是将个人的价值观强加于他人身上的道德绑架。其实，面对悲剧，刚开始时，是有必要进行大规模的传播，从而影响到更多的人及公益组织，切实地为灾区的人提供帮助，而到了中段，太多无谓的祈祷类信息反而更应深藏于心底，默默祝福，留出更多的信息通道给最新消息的跟进，以及有实际用途的信息发布。如今的社交网络就是呈现出这种混乱的、支离破碎的价值观拼图，反而让这个世界越来越混乱，但人们似乎已经习惯于这样的混乱。

适时地削减心中那些困住你的欲望，在没有想到更好的办法之前，可以先——放下。

PINK QUEEN

坏品位私人宝典——电影、唱片、书籍

电影与文学的意义，在于可以给你展现一个更完整的世界。

让你看到原来这个世界不只是你一个人在面临生命带给你的那些问题。

每个人都有不如意之事，而所谓乐观，就是你将内心放开了，不要被困在一种可能性里。

好的、坏的，都是因你而起，也终将冲刷、更替。

The Housemaid

根据同名小说改编，曾入围戛纳电影节金棕榈奖。整部电影节奏流畅，通过年长女管家的那双眼睛，审视并目睹了这整个家族的丑陋以及阴暗面，也通过不同女人的立场，去揭露相对弱势的女性在男权底下，用身体甚至生命去印证了自己的渺小，也可以说是伟大。我很少看韩国电影，这一部首先题材比较吸引我，并且，它非常直接地、不加掩饰地为观众展示了一个“光鲜亮丽的上流家族”的灰暗面，也反映出人的无知与对底线的不加保留，会将自己推向无法挽回的深渊。

《皮囊之下》

有一类电影像警钟，看过之后，会令你审视自己的生活，有时，甚至会毛骨悚然。看完这部心理恐怖片《皮囊之下》便会有类似的恐慌。也许你生活在一种优越、祥和的氛围之中，你有豪宅、跑车、华服、声誉……而这些并不是完完全全吸附于你的，它们也有可能因为“不速

之客”的介入，而变得不那么安全，谁知道呢？遇见简单的人是福，遇见复杂，甚至危险的人，是祸。一些复杂的人事的出现，本来就可能酿成灾难。所以，情愿独善其身，尽量避免认识不必要的人。

《东京家族》

她说：“昌次这孩子对金钱没有概念，马马虎虎……”她说：“这些我都知道，我们也曾为钱的事吵过不少架，但我就是喜欢他这点，我喜欢他迷恋意大利中古车的样子……”——爱就是，尽管在别人眼里是不完美和有缺憾的，在你这边都能容忍，因为你爱的是一个完整的人，你能容忍他的缺点，也能收获属于你们的特质。整部片子闲静、自然，有很多日本乡间、村落的场景，简单、流畅地通过人物之间看似平凡的谈话，透露出导演想要表达的朴实人生哲学。

《心灵捕手》

这是一部很特殊的电影，它告诉我们：这个世界永远都有比你牛的人，所以，将自己的思想强加于另一个人，本来就是荒唐可笑的。你必须意识到自己的局限性，你只能充当一个论点的发布者，然后，等听众自己去体会和分辨。最好的朋友，不是肯定你的那位，而是一直陪伴着你、理解你、支持你的。

《变态者意识形态指南》

整部电影两个半小时，不过相对大学哲学系的某一堂课来说，它还是轻松很多，为什么会说它像一堂哲学课呢？因为通篇都是那位大胡子怪老头的碎碎念。不过，既然是哲学课，所以这些碎碎念并不是无一用处的。他引用了不同的电影片段，来阐述他的“意识形态”理论，比如，他列举了星巴克的广告，当我们走进星巴克，看到柜台前那张写着“即使我们的咖啡很贵，但在你购买的这 38 块钱的咖啡里，我们会捐出 5% 给

非洲的难民，以及，我们之所以会不打折，是为确保我们一直为您精选的咖啡豆，是某某地全天然无加工的，巴拉巴拉。”这令你有了超出只买了一杯咖啡的购物体验，因为很多人是消费完了，才受到自己“物质主义”的良心谴责，进而再去选择捐款之类的，但星巴克提前为您想到了，所以，星巴克在这样的推广模式下无疑是成功的。整部电影还对暴力以及政治的内部因果做了独特而又细密的解析，适合某个夜晚一个人在沙发上潜心观摩。

Sings Again

如果阅读或者写作时，要选一张不换碟循环播放的唱片，那么我一定会选择 Chet Baker 的任意一张。他的爵士乐干净、流畅、温暖、透气、舒缓、留白……是会有场景感的。我们会发现，当你试图通过一张唱片，让自己获得片刻宁静或者某种特定氛围时，总会有令你“出戏”的曲目，让这种氛围变得糟糕，而 Chet Baker 的音乐似乎不会出错。Chet Baker 是一个自我主义者，他沉湎在自己的生命与音乐之中，对周遭世界置若罔闻。也正因为如此，才能创作出“最像他自己的作品”。我总认为艺术应该是“自私的”，你必须一定程度地封闭自我，与外界保持必要距离，才能勇敢地发出自己最干净、纯粹的声音。

Eat Pray Love : Original Motion Picture Soundtrack

记得我第一本书中，曾介绍过《美食 祈祷 爱》这部电影，和所有的“心灵解放”电影一样，它是轻松的，色彩饱满的、轻盈自在的。它讲述了对工作以及生活乏力并恐惧的女主角，一个人去往意大利、印度、巴厘岛“灵修”的故事，所以其原声带也是极具“异域风情”的，有不同国度的当地音乐集锦，使你将碟片推进唱片机里立即就能感受到水鸟、泛舟、草裙舞，山河的情景氛围，第一首 *Flight Attendant* 轻松自

在的旋律，一开始就令你心旷神怡了。

《十区车站 True》

“我们的春天很美好，但我们的夏天已经结束了，而我们又错过了秋季。现在，突然间天转冷了，寒冷得令一切都冰冻住了，我们的爱情也开始沉睡，然后雪突然把它带走，如果你在雪中睡着，你就感受不到死亡的降临。”他接到她打来的电话，她在听筒那边说了上面那段话，还没说完，他便匆匆挂了电话。他是一位盲人，她是一名演员。他在脑中迅速回放他俩从相识到现在经历的动人碎片，有苦涩、喜悦、猜疑、沉醉、愤怒……他流下了眼泪，接受了这个事实。而电话再次响起，原来之前那段话只是导演给她的台词，她在他的面前“预演”。生活总是在最低潮时给予你转机，但又不完全会这样，生活也每分每秒存在变动，就像两个亲密完好的人，也很有可能在一瞬间各奔东西，这便是生命的无常。

Mozart:
Piano Concertos

写作时，我几乎不听音乐，或者是听很轻的爵士乐，且将音量调到最小，而跑步时，又爱听有韵律的电子音乐，或者舞曲。绘画时，偶尔会听莫扎特。我的绘画作品，常以涂鸦线描的方式，用线随意，但色彩会比较考究，我偏爱明快以及纯度高的色彩，而古典音乐，常是有很多起伏和层次的，所以，会与画画时线与线的连接很像，都是随着自己的精神与状态跳跃的。我很难回答类似“你最偏爱哪种音乐”这样的问题，因为在不同情境与状态下，音乐对你的辅助功能是不同的，就像刚才我举的写作、跑步、绘画时都会听截然不同的音乐类型，所以能“深度陪伴你”的，便是那个情境下的好音乐。

《像自由一样美丽》

这是一本收录了数十幅犹太人集中营遗存下来的儿童画作的书。毕加索早就说过：“我花了一辈子时间来学习怎样像孩子那样画画”。当我们成年后，大脑承载越来越多“复杂”以后，是会越来越不纯粹的。而艺术需要一些纯粹以及无用，它需要直接地表达，会将你的精神世界直接倾泄出来。而这些“二战”时期，犹太集中营被害儿童的画作，又更加厚重且令人深思。在那样的环境之下，在随时可能停下手中的画笔，面临黑压压的一片情境之下，他们在废纸上写下的诗歌，他们用几张碎纸拼贴而成的画作，是那么美好、动人且具有艺术气质。美，是可以跨跃任何时代与界限的，而我们相比那些生活在动乱之下的人，是幸运且不知足的，那些孩子透过自己灰蒙蒙的眼睛，看到的却是彩色与美好，这是具有力量和富有生命力的。

图书在版编目（CIP）数据

硬糖手册 / 杨昌溢著. 一北京：
中国华侨出版社，2014．6
ISBN 978-7-5113-4547-9

Ⅰ.①硬… Ⅱ.①杨… Ⅲ.①散文集－中国－
当代 Ⅳ.①I267

中国版本图书馆CIP数据核字(2014)第068331号

硬糖手册

著　　者：杨昌溢
出 版 人：方　鸣
责任编辑：叶　辞
装帧设计：胡靳一
经　　销：新华书店
开　　本：710mm×1000mm　1/32　印张：7.75　字数：122千字
印　　刷：北京盛通印刷股份有限公司
版　　次：2014年6月第1版　2014年6月第1次印刷
书　　号：ISBN 978-7-5113-4547-9
定　　价：48.00元

中国华侨出版社 北京市朝阳区静安里26号通成达大厦3层 邮编：100028
法律顾问：陈鹰律师事务所
发 行 部：（010）82068999　传　真：（010）82069000
网　　址：www.oveaschin.com
E-mail:oveaschin@sina.com

作品简介

这是一本被作者称为『记忆回放机』的随笔书，它将你的所有过往记忆：学生时代的回忆，青少年时的迷茫、叛逆，以及进入成人世界的身份疑惑与不适感，统统以最日常的状态来描写和呈现。读者能从该书的任意章节里找到自己某个阶段及瞬间的个人生活体验，而书名中『硬糖』指人在受挫与绝望时的坚强与良药。是一位成年人站在另一个角度反观自己，也以此告诉阅读该书的你：上帝给你关上一扇门的时候也不一定会为你开几扇窗，但你要记住，屋顶的烟囱一直是为你开着的，下水道也可能通向光明。

飞机的坏品位

原名杨昌溢，作家、自由画者，著有《香蕉哲学》《薄荷日记》《樱桃之书》，首本文集便畅销五十万册。擅用独特态度陈述和充满诗性的影像折射出当代年轻人的反思与共鸣。作品常以短文搭配诗歌及自己绘画作品的形式，对当代人身份的焦虑、人际关系、情欲、理想、孤独等话题进行了独特而深入的探讨。最新作品《硬糖手册》是作者第四本个人随笔集，也是『坏品位食物恋』系列完结篇。该书收录了近五十篇独具个人风格的散文，以及十部『私藏电影、唱片、书籍推荐』，是一本被作者称为『可爱朋克』的另类随笔书。

『飞机的坏品位』书系

现已出版《香蕉哲学》《薄荷日记》《樱桃之书》《硬糖手册》，

即将出版：情爱参考/电影随笔/短篇小说/诗集。

特别鸣谢

感谢磨铁图书及其编辑白丁对我这本书的重视

当然还有设计师胡靳一

以及坏品位团队对这本书注入的灵感与热情

也感谢大家忍受我对太多细节的偏执

坏品位系列 出到第四本 我非常希望它能尽可能地展现出一种不一样的美

也希望有一天 它们是你书架上最明亮的彩虹